서문문고
307

목민심서

서 필 량 옮김

牧民心書

* 목민심서는 다산이 정치인의 마음가짐과 정치의 요령을 쓴 책
으로, 이를 통해 조선시대의 정치를 알아보는 것도 흥미로운 일
이며, 오늘의 정치를 연구하는 데도 많은 도움이 될 것이다.

▧ 목민심서

부임육조(赴任六條)

부임할 때 지킬 여섯 가지 덕목

제배(除拜)

관직 임명

他官可求 牧民之官 不可求也

타관가구 목민지관 불가구야

* 다른 벼슬은 몰라도 수령(목민지관 곧, 부윤·목사·부사 등)은 고을의 우두머리이다. 아무나 할 일이 아니다. 덕이 있어도 위엄이 없고, 뜻이 있어도 청정하지 않으면 수령의 직책을 맡아서는 안 된다. 자진해서 맡을 일이 아니다. 많은 사람이 추천해도 사양할 일이다. 이는 오늘날 대통령과 국회의원에 출마할 사람들이 꼭 명심해야 할 덕목이다.

除拜之初 財不可濫施也

제배지초 재불가람시야

* 임명장을 받고 대궐을 나설 때 대궐 안의 잡배(권신)들이 행하(뇌물)를 강요한다. 행하를 내게 되면 필경 백성들을 착취해 보충하게 될 것임으로 행하 내는 것은 좋지 않다. 더구나 뽐내며 행하를 많이 내는 자는 틀림없이 탐관오리가 될 것이다.

邸報下送之初 其可省幣者 省之

저보하송지초 기가생패자 생지

* 경저에서 저보(고을에 보내는 연락문서)를 보낼 때 폐해가 될 만한 일은 하지 않는 것이 좋다.

新迎刷馬 之錢 旣受公賜 又收民賦 是匿君之 惠而掠民財 不可爲也

신영쇄마 지전 기수공사 우수민부 시익군지 혜이략민재 불가위야

* 신영(새로 부임)할 때의 쇄마전(여비)은 이미 관에서 받았는데 또 백성에게 거두는 것은 임금의 은혜를 가리고 백성의 재물을 약탈하는 도둑이 된다.

치장(治裝)

행차관직을 받을 때

治裝 其衣服鞍馬 並因其舊 不可新也

치장 기의복안마 병인기구 불가신야

* 행장을 차릴(치장) 때 의복과 안장말은 모두 쓰던 것을 그대로 쓰고 새로 장만하지 마라.

同行者 不可多

동행자 불가다

* 수행인이 많으면 많을수록 보기 흉하다.

사조(辭朝)

임명장을 받고 물러 갈 때

歷辭公卿臺諫 宜自引 材器不稱 俸之厚薄 不可言也

역사공경대간 의자인 재기불칭 봉지후박 불가언야

* 공경(정2품 이상)과 대간(대신과 간관)에게 부임인사를 드릴 때 마땅히 자신의 부족함을 말할 것이며 녹봉이 많고 적음을 말하는 것은 아니다.

新迎吏隷至 其接之也 宜莊和簡默

신영리예지 기접지야 의장화간묵

* 신영 때 이속(아전과 하인)을 대할 때는 장중하고, 온후하며, 간결하고, 과묵해야 한다.

辭陛出門 慨然以酬民望 報君恩 設于內心

사폐출문 개연이수민망 보군은 설우내심

* 임금께 하직하고 대궐문을 나서게 되면 마땅히 백성들의 소망에 순응하고, 임금의 은혜에 보답할 것을 다짐해야 한다.

계행(啓行)

임지로 가는 길

啓行在路 亦唯莊和簡默 似不能言者

계행재로 역유장화간묵 사불능언자

* 계행(길을 떠남), 즉 부임길에 올라서는 장중하고, 부드럽고, 간결하고, 과묵하며, 마치 말 못하는 사람처럼 신중히 행동한다.

歷入官府 宜從先至者 熟講治理 不可諧謔竟夕

역입관부 의종선지자 숙강치리 불가해학경석

* 관청(관부)을 두루 방문하여, 그 고을의 수령으로 먼저 와 있던 자로부터 백성을 다스리는 도리를 귀담아 들을 것이며, 농담으로 밤을 지새워서는 안 된다.

상관(上官)

수령자리(관직)에 취임

上官 不須擇日 雨則待晴 可也

상관 불수택일 우즉대청 가야

* 임지에 도착하는 날을 택일할 필요는 없다. 다만 비올 때는 맑기를 기다리는 것이 좋다.

乃上官 受官屬參謁

내상관 수관속참알

* 도임한 후 곧 관속들의 인사를 받는다.

厥明 謁聖于鄕校 遂適社稷壇 奉審唯謹

궐명 알성우향교 수적사직단 봉심유근

* 그 이튿날(궐명) 향교에 가서 알성(성인을 뵈옵고)하고, 이어 사직단(토지와 곡식의 신을 모신 제단)에 가서 삼가는 마음으로 봉심(능이나 묘를 보살핌)한다.

이사(莅事)

집무에 임하는 것

厥明開坐 乃莅官事

궐명개좌 내리관사

* 그 이튿날 새벽부터 자리에 앉아 사무를 처리한다.

是日 發令於士民 詢瘼求言

시일 발령어사민 순막구언

* 그날 그날 선비와 일반 백성에게 영을 내려 민폐나 폐단(순막)을 묻는다.

是日 發令以數件事 與民約束 遂於外門之楔 特懸一鼓

시일 발령이수건사 여민약속 수어외문지설 특현일고

* 그날 명령을 내려 백성들과 몇 가지 약속을 하고, 바깥 문설주에 특별히 북 한 개를 달도록 하라.

是日 刻木印幾顆 頒于諸鄉

시일 각목인기과 반우제향

* 그날 인장 몇 개를 새겨서 여러 마을에 나누어 주라.

官事有期 期之不信 民乃阮令 期不可不信也

관사유기 기지불신 민내완령 기불가불신야

* 공무에는 기한이 있으니, 기한을 지키지 않으면 백성들이 법령을 가볍게 여길 것이니, 기한을 믿고 지키도록 하라.

율기육조(律己六條)

수령이 스스로 몸과 마음을 다스리는 여섯 가지 덕목

칙궁(飭躬)

바른 몸가짐

興居有節 冠帶整飭 莅民以莊 古之道也

흥거유절 관대정칙 이민이장 고지도야

* 일어서고 앉음에 절도가 있고, 갓과 띠의 차림은 반듯하고, 백성을
대할 때 단정한 것은 옛사람의 도리다.

毋多言 毋暴怒

무다언 무폭노

* 말을 많이 하지 말고, 난폭하고 성내지 마라.

御下以寬 民罔不順 故 孔子曰 居上不寬 爲禮不敬 吾何以
觀之 又曰 寬則得衆

어하이관 민망불순 고 공자왈 거상불관 위례불경 오하이관지
우왈 관즉득중

* 아랫사람을 대할 때 너그럽게 하면 순종하지 않는 자가 없다. 공자
가 말하기를 윗자리에 앉아 너그럽지 못하고, 예를 행함에 공경함이
없으면 내가 무엇으로 보일까. 또한 너그럽게 행동하면 많은 사람을
얻는다.

官府體貌 務在嚴肅 坐側不可有他人

관부체모 무재엄숙 좌측불가유타인

* 관공서(관부)에서는 체면과 위신을 지키기 위해 엄숙해야 함으로 곁에 딴사람(잡인)이 있어서는 안 된다.

君子 不重則不威 爲民上者 不可不持重

군자 부중즉불위 위민상자 불가부지중

* 군자는 무게가 없으면 위엄이 없으니, 백성의 윗사람이 된 자는 무게 있게 처신하지 않으면 안 된다.

端酒絶色 屛去聲樂 齊速端嚴 如承大祭 罔敢游豫 以荒以逸

단주절색 병거성락 제속단엄 여승대제 망감유예 이황이일

* 술과 여색을 삼가라. 소리와 풍류를 멀리하라. 공손하고 단정하며 엄숙하기를 큰 제사 받들 듯 하며, 감히 놀고 즐기는 것에 빠져 정사를 어지럽히고, 시간을 헛되게 보내는 일이 없도록 하라.

燕游般樂 匪民攸悅 莫如短居而 不動也

연유반락 비민유열 막여단거이 부동야

* 한가하게 놀며 크게 즐기는 것을 백성들은 좋아하지 않는다. 단정하게 앉아서 움직이지 않는 것만 못하다. 자주 연회를 베푸는 것은 보기 흉하다.

治理旣成 衆心旣樂 風流賁飾 與民皆樂 亦前輩之盛事也

치리기성 중심기락 풍류분식 여민개락 역전배지성사야

* 백성 다스리는 일도 이미 이루어졌고, 백성도 이미 즐거워하면, 풍류를 크게 마련하여 백성과 함께 즐기는 것도 옛사람이 즐기던 일이다.

公事有假 必凝神靜慮 思量安民之策 至誠求善

공사유가 필응신정려 사량안민지책 지성구선

* 공사에 정신을 집중하고 생각을 고요하게 하여, 백성을 편안하게 할 방책을 생각하고, 지성을 다해 최선의 방도를 찾아야 한다.

政堂有讀書聲 斯可謂之淸士也

정당유독서성 사가위지청사야

* 정당에서 글 읽는 소리가 나면, 그를 청렴한 선비라고 말할 수 있을 것이다. 이런 사람이 정치를 하면 얼마나 좋은가.

若夫哦詩睹棋 委政下吏者 大不可也

약부아시도기 위정하리자 대불가야

* 만일 시나 읊고 바둑이나 두고, 일(정사)은 모두 아전에 맡긴다면 크게 잘못하는 일이다.

청심(淸心)

청렴한 마음

廉者 牧之本務 萬善之源 諸德之根 不廉而 能牧者 未之有
也

염자 목지본무 만선지원 제덕지근 불염이 능목자 미지유야

* 청렴은 목민관 본연의 의무다. 모든 선정의 근원이며, 모든 덕행의
뿌리가 된다. 청렴하지 않고 목민한 자는 일찍이 없었다.

廉者 天下之大賈也 故 大貪必廉 人之所以不廉者 其智短
也

염자 천하지대고야 고 대탐필렴 인지소이불렴자 기지단야

* 청렴은 천하에서 제일 큰 거래(덕)다. 고로 대인이 되고자(대탐) 하
는 자는 반드시 청렴해야 할 것인데, 사람으로 청렴하지 못한 것은 생
각(지혜)이 모자라기 때문이다.

故 自古以來 凡智深之士 無不以廉爲訓以貪爲戒

고 자고이래 범지심지사 무불이렴위훈이탐위계

* 그런 까닭에 예부터 무릇 지혜가 깊은 자는 청렴을 교훈으로 삼고,
탐욕을 경계하지 않은 이가 없었다.

不唯剝民膏髓 乃爲貪也 凡有饋遺 悉不可納

불유박민고수 내위탐야 범유궤유 실불가납

* 백성의 고혈을 빨아먹는 자만이 탐관은 아니다. 선물로 보내 온 물건도 받아서는 안 된다.

所貴乎廉吏者 其所過山林泉石 悉被淸光

소귀호렴리자 기소과산림천석 실피청광

* 청렴한 벼슬아치를 귀히 여기는 것은 청렴한 이가 지나가는 곳은 산과 숲, 풀, 그리고 우물가 돌까지 모두 맑은 빛을 받게 되기 때문이다.

凡珍物 産本邑者 必爲邑弊 不以一杖歸 斯可曰 廉者也

범진물 산본읍자 필위읍폐 불이일장귀 사가왈 염자야

* 무릇 진기한 물품이 고을에서 생산되면, 그 고을에 폐단을 입히기 쉽다. 하나라도 갖고 돌아가지 말아야 청렴하다 할 수 있다.

若夫矯激之行 刻迫之政 不近人情 君子所黜 非所取也

약부교격지행 각박지정 불근인정 군자소출 비소취야

* 과격한 행동이나 각박한 정사는 인정과 멀어, 군자가 취할 바 도리가 아니다.

凡買取民物 其官式太輕者 宜以時直取之

범매취민물 기관식태경자 의이시직취지

* 무릇 민간의 물품을 사들일 때, 관에서 정한 값이 너무 헐하면 그

때의 시가대로 사들여야 한다.

凡謬例之沿襲者 刻意嬌革 或其難革者 我則勿犯

　범류례지연습자 각의교혁 혹기난혁자 아즉물범

* 무릇 그릇된 관례(전래)는 바로잡아 고쳐야 하고, 고치기 어려운 것
은 자신만이라도 그 잘못을 범하지 말아야 한다.

凡布帛貿入者 宜有印帖

　범포백무입자 의유인첩

* 무릇 관에서 쓰는 포목이나 비단을 사들이는 자(때)는 반드시 인첩
을 갖도록 해야 한다.

雖百工具備 而絶無製造者 廉士之府也

　수백공구비 이절무제조자 염사지부야

* 비록 온갖 기술자가 관아에 소속되어 있을지라도, 절대로 사사로이
부리지 말아야 청렴한 선비의 관부라 할 수 있다.

凡日用之簿 不宜注目 署尾如流

　범일용지부 불의주목 서미여류

* 평소 일용의 장부는 따지기보다 물 흐르듯 서명(처리)하라.

牧之生朝 吏校諸廳 或進殷饌 不可受也

　목지생조 이교제청 혹진은찬 불가수야

* 목민관의 생일날 아침에, 아전들이 혹 성찬을 올리더라도 받아서는 안 된다.

凡有所捨 毋聲言 毋德色 毋以語人 毋說前人過失

범유소사 무성언 무덕색 무이어인 무설전인과실

* 평소 남에게 희사한 일이 있을지라도 그것을 드러내 말하지 말 것이며, 덕을 베풀었다는 말도 하지 말 것이며, 남에게 자랑하지도 말 것이며, 앞사람의 허물도 말하지 마라.

廉者寡恩 人則病之 躬自厚而薄責於人 斯可也 干囑不行 焉 可謂廉矣

염자과은 인즉병지 궁자후이박책어인 사가야 간촉불행언 가위렴의

* 청렴한 자는 은의에 과묵하다. 사람들은 이를 병(모자란다)으로 생각하나, 항상 모든 책임을 자신에게 돌리고, 남을 책하는 일이 없고, 청탁하는 일을 하지 않으면 청렴하다 할 수 있다.

貨賂之行 誰不秘客 中夜所行 朝已昌矣

화뢰지행 수불비객 중야소행 조이창의

* 뇌물을 주고받는 것을 누가 비밀히 하지 않으랴. 남몰래 밤중에 한 일이라도 아침이면 드러난다.

제가(齊家)

집안 단속

修身而後齊家　齊家而後治國　天下之通義也　欲治其邑者
先齊其家

수신이후제가 제가이후치국 천하지통의야 욕치기읍자 선제기
가

* 몸을 닦은(수신) 뒤에야 집안을 바로잡을(제가) 수 있고, 집안을 바
로잡은 뒤에야 나라를 다스릴 수 있다. 이는 천하에 통하는 이치이다.
그 고을을 다스리고자 하는 자는 먼저 자기 집부터 잘 다스려야 한다.

國法　母之就養　則有公賜　父之就養　不會其費　意有在也

국법 모지취양 즉유공사 부지취양 불회기비 의유재야

* 나라 법에 어머니를 임지로 모시고(就養) 가면 국비를 지급받을 수
있지만, 아버지를 모시고 가면 국비를 지급받지 못한다. 이는 일리가
있다 할 수 있다(타당한 이유가 된다 할 수 있다).

嚴內外之別　明公私之界　立法申禁　宜如雷如霜

엄내외지별 명공사지계 입법신금 의여뢰여상

* 내외의 구별을 엄격히 하고, 공과 사의 경계를 명백히 하고, 법을
세워 지키고 금지하기를 천둥 소리처럼 두렵게 여기고, 서리처럼 냉정
하게 하라.

干謁不行然後 家法嚴 家法嚴而後 政令淸

간알불행연후 가법엄 가법엄이후 정령청

* 청탁하는 일이 없어진 연후에 가법도 엄해지고, 가법이 엄해야 목민
관으로 영이 선다.

儉約無華 處官如家 一室從化 無攸怨罵 則君子之家也

검약무화 처관여가 일실종화 무유원매 직군자지가야

* 검소하고 절약하고 사치하지 말아야, 관에서도 집안 식구처럼 따르
고, 감화하여 원망하지 않는다. 꾸짖을 일이 없다면 가히 군자의 집이
라 할 수 있다.

병객(屛客)

공무 밖의 사람은 가까이 않는 것

凡官府 不宜有客 唯書記一人 兼察內事

범관부 불의유객 유서기일인 겸찰내사

* 무릇 관부에 놀고먹는 손님이 있어서는 안 된다. 오직 서기 한 사람만 두어 안일까지 살피도록 한다.

凡邑人及隣邑之人 不可引接 大凡官府之中 宜肅肅淸淸

범읍인급인읍지인 불가인접 대범관부지중 의숙숙청청

* 평소 고을사람이나 이웃 고을사람을 맞아들여 접견해서는 안 된다. 평소 관부 안은 엄숙하고 맑아야 한다.

賓交窮族 自遠方來者 宜卽延接 厚遇以遣之

빈교궁족 자원방래자 의즉연접 후우이견지

* 가난한 친구나 딱한 친족이 방문하면 따뜻하게 맞아들여 대접하여 보낸다.

閽禁 不得不嚴

혼금 부득불엄

* 혼금(잡인의 출입)은 얻을 것이 없으니 단속(출입)을 엄하게 한다.

절용(節用)

관재 절약

善爲牧者 必慈 欲慈者 必廉 欲廉者 必約 節用者 牧之首
務也

선위목자 필자 욕자자 필렴 욕렴자 필약 절용자 목지수무야

* 목민을 잘하는 자는 반드시 자애롭다. 자애하고자 하는 자는 반드시
청렴하다. 청렴하고자 하는 자는 반드시 절약한다. 절약이 목민관의
첫째 덕목(의무)이다.

節者限制也 衣服飮食 必有式焉 祭祀賓客 必有式焉 式也
者 節用之本也

절자한제야 의복음식 필유식언 제사빈객 필유식언 식야자 절
용지본야

* 절용이란 한도를 제약하는 것이다. 의복과 음식은 반드시 법식이 있
고, 제사와 접빈에도 법식이 있다. 이 법식을 지키는 것이 절용의 근
본이다.

祭祀賓客 雖係私事 宜有恒式 殘小之邑 視式宜減

제사빈객 수계사사 의유항식 잔소지읍 시식의감

* 제사나 접빈은 비록 사사로운 일이나, 마땅히 일정한 법식이 있다.
그러나 작은 고을에서는 이 법식까지 따질 필요는 없다.

凡內饋之物 咸定厥式 一月之用 咸以朔納

범내궤지물 함정궐식 일월지용 함이삭납

* 안채에 보내는 물건은 모두 법식을 정하여 그 쓸 물건은 매달 초하루에 보내는 것이 좋다.

公賓之饌 亦先定厥式 先期辦物 以授禮吏 雖有贏餘 勿還追也

공빈지희 역선정궐식 선기판물 이수예리 수유영여 물환추야

* 공적인 손님(공빈)을 대접하는 것은 미리 법식을 정하고, 기일 전에 물품을 준비하여 아전(예리)에게 주고, 비록 남는 것이 있더라도 도로 찾지 말아야 한다.

凡吏奴所供 其無會計者 尤宜節用

범리노소공 기무회계자 우의절용

* 평소 아전이나 관노들이 바치는 물건 중에 회계에 포함되지 않은 것은 더욱 아껴야 한다.

天地生物 令人享用 能使一物無棄 斯可曰善用財也

천지생물 영인향용 능사일물무기 사가왈선용재야

* 천지 만물을 사람으로 하여금 쓰게 하였는데 한 물건이라도 버림이 없어야 재화를 잘 활용한다 할 수 있다.

낙시(樂施)

즐겁게 베풂

賓交窮族 量力以周之

빈교궁족 양력이주지

* 가난한 친구나 어려운 친척은 힘껏 도와주어야 한다.

權門勢家 不可以厚事也

권문세가 불가이후사야

* 권문세가를 후하게 대접(아첨)해서는 안 된다.

봉공육조(奉公六條)

국가에 봉사하는 여섯 가지 요령

첨하(瞻賀)

제사 지낼 때 임금님의 은덕을 백성에 알리다

凡望賀之禮 宜肅穆致敬 使百姓知朝廷之嚴

범망하지례 의숙목치경 사백성지조정지엄

* 망하의 예(초하루, 보름에 수령이 대궐을 향해 올리는 예)는 엄숙하게 하여, 백성이 조정의 권위를 알도록 해야 한다.

望慰之禮 一遵儀注 而古禮不可以不講也

망위지례 일준의주 이고례불가이불강야

* 망위의 예(국상이 났을 때 수령이 대궐을 향해 조의를 표하는 예)는 의주(국가가 정한 절차)에 따라야 하는데, 옛 예절을 참조(講)하지 않을 수 없다.

國忌廢事 不用刑 不用樂 皆如法例

국기폐사 불용형 불용악 개여법례

* 나라의 기일에는 근신하고, 형벌도 가하지 않고, 음악도 즐기지 않고, 모두 법에 따라 행해야 한다.

詔令所降 宜宣布朝廷德意 使百姓 深知國恩

조령소강 의선포조정덕의 사백성 심지국은

* 조서나 명령이 내리면 마땅히 조정의 은혜를 널리 알려 백성들로 하

여금 나라의 은덕을 깊이 알도록 해야 한다.

수법(守法)

국법 지키기

法者君命也 不守法 是不遵君命者也 爲人臣者 其敢爲是
乎

법자군명야 불수법 시부준군명자야 위인신자 기감위시호

* 법이란 임금의 명령이니 법을 지키지 않음은 임금의 명령을 따르지
않는 것이다. 신하 된 자가 어찌 감히 그럴 수 있는가?

邑例者 一邑之法也 其不中理者 修而守之

읍례자 일읍지법야 기불중리자 수이수지

* 읍례라는 것은 한 고을의 법규가 되니, 이치에 맞지 않은 것은 고쳐
서 실시한다.

凡國法所禁 刑律所載 宜慄慄危懼 毋敢冒犯

범국법소금 형율소재 의률률위구 무감모범

* 평소 국법에 금하는 것과 형률에 써 있는 것은 마땅히 두려워서 범
하는 일(冒犯)이 없도록 해야 한다.

예제(禮祭)

예로서 사람을 대한다

禮際者 君子之所愼也 恭近於禮 遠恥辱也

　예제자 군자지소신야 공근어례 원치욕야

* 예의를 갖추고, 남과 교제(禮際)함에 있어, 군자가 조심해 할 일은
공손하고 예법에 맞게 처신하는 것으로, 치욕이 돌아오지 않게 하는
것이다.

延命之赴營行禮 非古也

　연명지부영행례 비고야

* 연명(명령을 받음)을 감영으로 달려가 받는 것은 옛 예가 아니다.
옛날에는 없었다.

營下判官 於上營 宜格恭盡禮 有先輩故事

　영하판관 어상영 의격공진례 유선배고사

* 영하 판관은 상영에 대하여 마땅히 삼가고, 예를 극진히 할 것이다.
이는 선비의 고사에 있다.

上司推治吏校 雖事係非理 有順無違可也

　상사추치리교 수사계비리 유순무위가야

* 상사가 아전이나 군교를 잡아다 추문 치죄할 때는 비록 그 일이 사

리에 어긋나도 순종함이 마땅하다.

所失在牧 而上司令牧 自治其吏校者 宜請移囚

소실재목 이상사령목 자치기리교자 의청이수

* 과실이 수령에게 있고, 상사가 수령에게 아전을 치죄하라고 이르면 마땅히 수령은 이수(다른 고을로 옮겨서 치죄)를 청해야 한다.

禮不可不恭 義不可不潔 禮義兩全 雍容中道 斯謂之君子也

예불가불공 의불가불결 예의양전 옹용중도 사위지군자야

* 예는 공손하지 않으면 안 되고, 의는 깨끗하지 않으면 안 된다. 예와 의가 어울려 온전하고 온화하면 도에 맞을 것이니, 이를 소위 군자라 한다.

隣邑相睦 接之以禮 則寡悔矣 隣官有兄弟之誼 彼雖有失 無相猶矣

인읍상목 접지이례 즉과회의 인관유형제지의 피수유실 무상유의

* 이웃 고을과 서로 화목하고 예로 대하면 허물이 없어지고, 이웃 수령과는 형제와 같은 우의가 있을 것이니, 상대가 잘못한다고 나도 잘못해서는 안 된다.

交承有僚友之誼 所惡於後 無以從前 斯寡怨矣

교승유료우지의 소악어후 무이종전 사과원의

* 사귈 땐 동료 간에 우의가 있어야 한다. 뒷사람에게 미움받을 일을 하지 않아야 원망이 적을 것이다.

문보(文報)

공무는 문서로 처리

公移文牒 宜精思自撰 不可委之於吏手

공이문첩 의정사자찬 불가위지어리수

* 보고 문서는 정밀하게 자신이 작성해야 한다. 밑의 아전에 맡겨서는 안 된다.

文牒稽滯 必遭上司督責 非所以奉公之道也

문첩계체 필조상사독책 비소이봉공지도야

* 보고 문서를 지체하여 상사의 독촉과 문책을 받는 것은 공무의 도리가 아니다.

凡爲民求惠 爲民除瘼者 須至誠達於辭表 方可動人

범위민구혜 위민제막자 수지성달어사표 방가동인

* 평소 백성을 위해 은혜를 베풀거나, 백성을 위해 병폐를 제거하기 위한 공문서에는 지극한 정성이 나타나도록 작성해야 남을 감동시킬 수 있다.

凡上下文牒 宜錄之爲冊 以備考檢 其設期限者 別爲小冊

범상하문첩 의록지의책 이비고검 기설기한자 별위소책

* 평소 상사와 백성 간에 오고 간 문서는 마땅히 목록을 붙여 책을 만

들어 참고하고, 검열에 대비한다. 특히 기한이 설정돼 있는 문서는 따로 소책자를 만들어 비치해야 한다.

農形文報 例間五日 雖付人便 亦無傷也

농형문보 예간오일 수부인편 역무상야

* 농사 형편을 보고하는 문서 중 예규에 따라 5일마다 한 번씩 내는 것은 이웃 고을의 인편에 부쳐도 무방하다.

月終文報 其可刪者 議於上司 圖所以去之

월종문보 기가산자 의어상사 도소이거지

* 월말 보고서에 생략해도 좋은 것은 상사와 상의해서 없애도록 하라.

공납(貢納)

공정한 과세

財出於民 受而納之者牧也 察吏奸 則雖寬無害 不察吏奸
則雖急無益

재출어민 수이납지자목야 찰리간 즉수관무해 불찰리간 즉수
급무익

* 재물은 백성에서 나오고, 이것을 받아 바치는 것은 수령의 몫이다.
아전의 농간을 잘 살피면 비록 관대해도 해가 없지만 아전의 농간을
살피지 않으면 아무리 엄하게(서둘러도; 急) 해도 이익이 없다.

姦民之害 甚於姦吏 欲貢納及期者 先察民姦

간민지해 심어간리 욕공납급기자 선찰민간

* 간사한 백성의 해독은 간사한 아전보다 심하다. 공납을 기한 내에
수납하고자 하는 자는 먼저 백성의 간사한 행위부터 살펴야 한다.

錢有定數 米無多品 惟布之爲物 最無程式 不可而不慮也

전유정수 미무다품 유포지위물 최무정식 불가이불려야

* 돈은 액수가 일정하고, 쌀은 품격(등급)이 많지 않으나, 포목은 규
격이 일정하지 않다. 이 점을 생각하지 않으면(不慮) 안 된다(不可).

上司所命 或係非理 或今民情不可强督 宜執不可 期不奉

行

상사소명 혹계비리 혹금민정불가강독 의집불가 기불봉행

* 상사의 명령이 사리에 어긋나거나 혹은 지금의 민심으로 보아 강행할 수 없으면, 마땅히 그 불가함을 주장하고 봉행하지 말아야 한다.

常賦常貢之外 上司求獻奇物 不可承也

상부상공지외 상사구헌기물 불가승야

* 정당한 조세와 공물 이외 상사가 진기한 물품을 바치라고 요구하는 것은 그대로 따르면 안 된다.

上司而非理之事 强配郡縣 牧宜敷陳利害 期不奉行

상사이비리지사 강배군현 목의부진리해 기불봉행

* 상사가 사리에 맞지 않은 일을 강제로 군현에 배정하여 시키면, 수령은 반드시 해가 되는 점을 진술하고, 그대로 행하지 말아야 한다.

요역(徭役)

요역의 차출

上司差遣 並宜格順 託故稱病 以圖自便 非君子之義也

상사차견 병의격순 탁고칭병 이도자편 비군자지의야

* 상사가 출장을 보내면 마땅히 따라야 하거니, 병을 핑계삼아 자신의 편안을 도모하는 것은 군자(목자)의 도리가 아니다.

殺獄檢官 尤不可謀避

살옥검관 우불가모피

* 살인사건이 생겨 검시의 명령을 받으면 절대 회피해서는 안 된다.

凡有差遣 宜亦盡心職事 以塞一日之責 不可苟也

범유차견 의역진심직사 이색일일지책 불가구야

* 평소 출장명령은 가급적 신속히(성심껏) 이행(빨리)해야 하고, 구차하게 어정어정 하루 일(책임)로 채워서는 안 된다.

其或問情於漂船者 機急而行難 尤所惕心

기혹문정어표선자 기급이행난 우소척심

* 간혹 표박선의 내막을 조사하라는 명령을 받았을 때는 급하게 행하는 것은 위태로우니(어려우니) 더욱 조심해야 한다.

애민육조(愛民六條)

백성 사랑하는 여섯 가지 덕목

양로(養老)

노인을 섬기다

養老之禮廢 而民不興孝 爲民牧者 不可以不擧也

양로지예폐 이민불흥효 위민목자 불가이불거야

* 양로의 예를 폐하면 백성들은 효심을 일으키지 않게 될 것이니, 목민관 된 자는 이 예를 더욱 행하지 않으면 안 된다.

歲除前二日 以食物歸耆老

세제전이일 이식물귀기로

* 그믐날(세제) 이틀 전에 60세 이상 노인(기로)에게 음식을 돌려야 한다.

자유(慈幼)

어린이를 돌보다

慈幼者 先王之大政也 歷代修之 以爲令典

자유자 선왕지대정야 역대수지 이위령전

* 자유(고아 구휼)하는 것은 선왕의 큰 정사로서 역대 임금들이 지켜
법령으로 행했다.

古之賢牧 於此慈幼之政 靡不單心

고지현목 어차자유유지정 미부단심

* 옛날 어진 목민관은 어린이를 사랑하고, 구휼 정책에 마음을 다하지
않은 자가 없었다.

至我聖朝 慈幼之政 度越前古 詳著法例 常勅令長

지아성조 자유지정 도월전고 상저법례 상칙령장

* 우리나라 어린이 구휼은 예부터 중히 여겨, 법례에 자세히 규정하
여, 언제나 수령을 타일렀다.

若非饑歲 有遺棄者 募民收養 官助其糧

약비기세 유유기자 모민수양 관조기량

* 흉년도 아닌데 어린아이를 버리면 백성 중에 거두어 기를 사람을 찾
아 관에서 식량을 보조해 준다.

진궁(振窮)

불쌍한 사람을 구제하다

鰥寡孤獨 謂之四窮 窮不自振 待人以起 振者擧也

환과고독 위지사궁 궁불자진 대인이기 진자거야

* 환(홀아비), 과(과부), 고(고아), 독(독거노인)을 이른바 사궁(四窮)이라 한다. 사궁은 빈한하여 스스로 일어설 수 없으니 다른 사람의 힘으로 일어서게 해야 한다.

過歲不婚聚者 官宜成之

과세불혼취자 관의성지

* 혼인하지 못한 나이 많은 이는 마땅히 관에서 성혼(결혼)시킨다.

勸婚之政 是我列聖遺法 令長之所宜恪遵也

권혼지정 시아열성유법 영장지소의각준야

* 혼인을 권장하는 정책은 역대 임금이 남긴 법이니 수령 된 자는 마땅히 힘써 지킬지어다.

(정종 15년에 임금께서는 백성들이 가난하여 혼인하지 못하는 것을 딱하게 여기고, 5부에 명하여 성혼을 권장하고, 혼수 비용으로 나라에서 돈 5백 냥과 포 두 필을 내린 바 있다.)

每歲孟春 選過時未婚者 並於仲春成之

매세맹춘 선과시미혼자 병어중춘성지

* 매년 초봄에 과년하도록 혼인하지 못한 자를 찾아서 중추에 혼인하도록 주선한다.

合獨之政 亦可行也

합독지정 역가행야

* 독신자를 짝지어 주는 정책을 실시하는 것이 좋다.

애상(哀喪)

상가를 돕고 위로하다

哀喪之禮 民牧之所宜講也

애상지례 민목지소의강야

* 고을에 상사가 나면 애도를 표하는 것은 백성의 수령으로 마땅히 해야 할 일이다.

有喪蠲徭 古之道也 其可自擅者 皆可蠲也

유상견요 고지도야 기가자천자 개가견야

* 상을 당한 사람(상고)이 있으면 요역을 면제해 주는 것은 옛날의 법으로 지켜야 하고, 이밖에도 수령의 힘으로 할 수 있는 것은 모두 면제해 주는 것이 좋다.

民有至窮極貧 死不能斂 委之溝壑者 官出錢葬之

민유지궁극빈 사불능렴 위지구학자 관출전장지

* 백성 중에 지극히 곤궁하여 장사 지내지 못하고, 구덩이(구학)에 버리는 경우(자)가 생기면, 관에서 돈을 주어 장사 지내도록 해야 한다.

其或饑饉厲疫 死亡相續 收瘞之政 與賑恤偕作

기혹기근여역 사망상속 수예지정 여진휼해작

* 혹시 흉년과 전염병으로 사망자가 속출할 때는 그 시체를 거두어 묻

어 주고, 구제(진휼)를 다해야 한다.

　或有客宦遠方 其旅襯過邑 其助運助費 務要忠厚

　혹유객환원방 기려친과읍 기조운조비 무요충후

* 혹시 먼 객지에서 벼슬살이하던 수령의 관이 고을을 지나게 되면, 운구를 도와주고 비용도 보조하는 등 후덕(충후)하게 해야 한다.

관질(寬疾)

병자를 보살피다

廢疾毒疾 力不能自食者 有寄有養

폐질독질 역불능자식자 유기유양

* 폐질이나 독질에 걸려 제 힘으로 먹고 살아갈 수 없는 사람은 의탁할 곳과 살아갈 길을 마련해 주어야 한다.

凡殘疾之民 免其軍簽

범잔질지민 면기군첨

* 불구의 병(잔질)에 걸린 사람은 군적에 등록하는 것(징집)을 면제한다.

天行瘟疫 或無名時氣 死亡夭折 不可勝數者 自官救助

천행온역 혹무명시기 사망요절 불가승수자 자관구조

* 악성 전염병이 유행하거나 이름 모를 유행병으로 죽고 요절하는 사람이 셀 수 없이 많이 날 때는 관에서 구조에 나서야 한다.

구재(救災)

재난 구재

水火之災 國有恤典 行之惟謹 宜於恒典之外 牧自恤之

수화지재 국유휼전 행지유근 의어항전지외 목자휼지

* 수재와 화재에는 국가의 휼전(구제하는 법)이 있으니 삼가 행할 것이며, 항전(법령에 정한 은전)에 없는 것은 수령이 스스로 알아서 구휼해야 한다.

凡有災厄 其救焚拯溺 宜如自焚自溺 不可緩也

범유재액 기구분증닉 의여자분자닉 불가완야

* 평소에 재난과 액운이 생기면 불에 타는 것을 구해 내고 물에 빠진 것을 구해 내는 것을, 마치 자신이 불에 타고 물에 빠진 듯 서둘러야지 피하는 것은 옳지 않다.

思患而預防 又愈而旣災而施恩

사환이예방 우유이기재이시은

* 환란이 있을 것을 생각하고 미리 예방하는 것은, 재앙을 당한 뒤에 은혜를 베푸는 것보다 낫다.

凡遇災 當與同憂 致其仁惻 力所不逮 民恕之也

범우재 당여동우 치기인측 역소불체 민서지야

* 평소 재해를 당했을 때, 마땅히 이재민과 함께 근심을 나누며, 어질고 측은하게 여기는 마음을 가져야 한다.

이전육조(吏典六條)

서정(庶政)의 여섯 가지 요령

속리(束吏)

아전을 단속하다

束吏之本 在於律己 其身正 不令而行 其身不正 雖令不行

속리지본 재어율기 기신정 불영이행 기신부정 수령불행

* 아전을 단속하는 근본은 자기 몸을 단속하는 것과 같다. 자신의 몸이 바르면 명령하지 않아도 아전이 알아서 행할 것이다. 자신의 몸이 바르지 않으면 비록 명령해도 아전은 따르지 않을 것이다.

牧之所好 吏無不迎合 知我好利 必誘之以利 一爲所誘 則 與之同陷矣

목지소호 이무불영합 지아호리 필유지이리 일위소유 즉여지동함의

* 수령의 기호(기분)에 영합(아첨)하지 않은 아전은 없다. 수령이 재물을 밝히는 줄 알면 아전은 반드시 재물로 유혹할 것이다. 한번 유혹당하면 함께(계속) 죄에 빠지게(짓게) 마련이다.

不知以爲知 酬應如流者 牧之所以墮於吏也

부지이위지 수응여류자 목지소이타어리야

* 알지 못하는 것을 아는 체 물 흐르듯이 하는 것은 수령이 쉽게 아전의 농간에 떨어진다.

齊之以禮 接之有恩 然後束之以法 若陵轢虐使 顚倒詭遇
不受束也

제지이례 접지유은 연후속지이법 약릉력학사 전도궤우 불수
속야

* 예를 갖추어 은혜로 대한 뒤에 법으로 단속해야 한다. 만약 업신여
기고 짓밟으며, 학대하고 혹사하며, 거꾸로 세워 놓고 심하게 다룬다
면 단속을 아니함만 못하다.

吏屬參謁 宜禁白衣布帶

이속참알 의금백의포대

* 이속(아전)이 참알할 때는 흰옷에 베띠 차림을 못하게 해야 한다.

吏屬遊宴 民所傷也 嚴禁屢戒 毋敢戲豫

이속유연 민소상야 엄금루계 무감희예

* 아전들이 모여 연회를 열고 즐기는 것은 백성의 마음을 상하게 한
다. 엄하게 금지하고, 거듭 경계하여 감히 유흥에 빠지는 일이 없도록
해야 한다.

吏廳用笞罰者 亦宜禁之

이청용태벌자 역의금지

* 아전들의 처소에서 매질(태형)하는 것은 마땅히 금해야 한다.

猾吏敗散者 出村求乞 必先事戒之 俾勿犯

활리패산자 출촌구걸 필선사계지 비물범

* 교활한 아전 때문에 파산해 마을 밖으로 나가 구걸하는 자가 생기기 전에 그런 일이 없도록(못하도록) 단속하는 것이 좋다.

員額少 則閑居者寡 而虐斂未甚矣

원액소 즉한거자과 이학렴미심의

* 원액(관원수)이 적으면 한가하게 놀고먹는 자가 없고, 무리하게 수탈하는 일도 심하지 않을(없을) 것이다.

今之鄕吏 締交宰相 關通察司 上貌官長 下剝生民 能不爲 是所屈者 賢牧也

금지향리 체교재상 관통찰사 상모관장 하박생민 능불위시소 굴자 현목야

* 지금의 향리(시골 선비)는 재상과 교제하고, 감사와 연통하여 직속 관장을 업신여기고, 아래로 백성을 침탈하는 경우가 많다. 이런 것에 굴하지 않는다면 현명한 수령이라 할 수 있다.

首吏權重 不可偏任 不可數召 有罪必罰 使民無惑

수리권중 불가편임 불가수소 유죄필벌 사민무혹

* 우두머리 아전은 권한이 무거우니 너무 많이 맡겨도 안 되고, 자주 불러도 안 된다. 죄가 있으면 반드시 벌하여 백성의 의혹이 없도록 해야 한다.

上官旣數月 作下吏履曆表 置之案上

상관기수월 작하리이력표 치지안상

* 수령으로 부임하여 두어 달 안에 아래 아전들의 이력을 적어 책상 위에 놓고 참고해야 한다.

吏之作奸 史爲謀主 欲防吏奸 抹其史 欲發吏奸 鉤其史

이지작간 사위모주 욕방리간 구기사 욕발리간 구기사

* 아전이 농간을 부리는 데는 사(문서 기록자)가 주모자가 된다. 아전의 농간을 막으려면 먼저 사를 두렵게 만들어야 한다. 아전의 농간을 적발하려면 먼저 사를 꾀어야(캐물어야) 한다.

어중(馭衆)

대중을 잘 통솔하다

軍校者 武人麤豪之類 其戢橫 宜嚴

군교자 무인추호지류 기즙횡 의엄

* 군교란 무인으로 거칠고, 호방한 무리를 말한다. 군교의 횡포를 엄하게 다스리는 것이 좋다.

門卒者 古之所謂皁隷也 於官屬中最不率敎

문졸자 고지소위조예야 어관속중최불솔교

* 문졸(사령들)이란 천한 하인(조례)으로, 관속 중에 가장 가르침을 따르지 않는 자를 말한다.

官奴作奸 惟在倉廒 有吏存焉 其害未甚 撫之以恩 時防其濫

관노작간 유재창오 유리존언 기해미심 무지이은 시방기람

* 관노가 농간을 부리는 곳은 오직 창고에 있는데, 거기에 있는 아전의 작해가 심하지 않으면 은혜로 어루만져 그 외람된 행동을 미리 막아야 한다.

侍童幼弱 牧宜撫育 宥罪宜從末減 其骨格而壯者 束之如

吏

시동유약 목의무육 유죄의종말감 기골격이장자 속지여리

* 시동은 유약한 자니 수령은 마땅히 어루만져 길러야 하고, 죄가 있을 때는 마땅히 가장 가벼운 법으로 처벌해야 한다. 그러나 체격이 장년처럼 장대해지면 아전과 같이 단속한다.

용인(用人)

사람을 골라 쓰다

爲邦在於用人 郡縣雖小 其用人 無以異也

위방재어용인 군현수소 기용인 무이이야

* 나라를 잘 다스리는 것은 사람을 잘 쓰는 데 있다. 군현이 비록 작으나 인재를 등용하는 것은 나라의 법도(경우)와 다를 것이 없다.

鄕丞者 縣令之補佐也 必擇一鄕之善者 俾居是職

향승자 현령지보좌야 필택일향지선자 비거시직

* 향승은 수령의 보좌관을 말하는데 반드시 한 고을 안에서 가장 어진 자를 골라 그 직책을 맡겨야 한다.

苟不得人 備位而已 不可委之以庶政

구부득인 비위이이 불가위지이서정

* 적임자를 얻지 못해 아무렇게나 자리를 메우고, 그들에게 모든 서정을 맡겨서는 안 된다.

豊憲約正 皆鄕丞薦之 薦非其人者 還收差帖

풍헌약정 개향승천지 천비기인자 환수차첩

* 풍헌과 약정은 향승이 추천하는데 적임자가 아니면 임명장을 도로 회수한다.

軍官將官之立於武班者 皆桓桓赳赳 有禦侮之色 斯可矣

군관장관지입어무반자 개환환규규 유어모지색 사가의

* 군관 장관으로서 무반에 선 자가 굳세고(환환) 씩씩하며(규규) 가히
외적을 막아낼 만한 기색이면 옳은 일이다.

거현(擧賢)

현인을 천거하다

擧賢者 守令之職 雖古今殊制 而擧賢不可忘也

거현자 수령지직 수고금수제 이거현불가망야

* 현인을 천거하는 것은 수령의 직책이다. 비록 옛날과 지금의 제도가
다르다 해도, 어진 이를 천거하는 일을 잊어서는 안 된다.

科擧鄕貢 雖非國法 宜以文學之士 錄之于擧狀 不可苟也

과거향공 수비국법 의이문학지사 녹지우거장 불가구야

* 과거에 응시하는 선비를 수령이 추천하는 것은 비록 국법은 아닐지
라도, 당연히 글(문학)에 능한 선비에게 추천장(거장)을 써주는 것은
법에 구애받을 일이 아니다.

찰물(察物)

물정(정세)을 잘 살피다

牧子然孤立 一 榻之外 皆欺我者也 明四目達四聰 不唯帝
王然也

목자연고립 일탑지외 개기아자야 명사목달사총 불유제왕연야

* 목민관은 혼자 떨어져 있으니 모두 목민관을 속이려 든다. 사방에
눈을 밝게 뜨고, 사방에 귀를 크게 열고, 사방을 살피는 것은 제왕만
이 하는 일이 아니다.

每孟月朔日 下帖于鄕校 以問疾苦 使各指陣利害

매맹월삭일 하첩우향교 이문질고 사각지진이해

* 사계절의 첫 달 초하루마다 향교에 통첩을 보내 백성의 고통을 묻
고, 해로운 것과 이로운 것을 따져 각각 진술하게 해야 한다.

子弟親賓 有立志端潔 兼能識務者 宜令微察民間

자제친빈 유립지단결 겸능식무자 의령미찰민간

* 친한 빈객의 자제로서 마음이 단정하고, 깨끗하고, 일을 잘할 수 있
는 자가 있으면 그로 하여금 민간의 일을 세세히 살피도록 한다.

凡細過小疵 宜含垢藏疾 察察非明也 往往發奸 其機如神

民斯畏矣

범세과소자 의함구장질 찰찰비명야 왕왕발간 기기여신 민사
외의

* 평소에 작은 과오나 흠은 적당히 덮어두고 샅샅이 밝혀내는 것은 아
니다. 간사한 자를 밝혀내는 것을 귀신과 같이 되어야 백성들이 두려
워할 것이다.

微行不足以察物 徒以損其體貌 不可爲也

미행부족이찰물 도이손기체모 불가위야

* 미행으로는 물정을 바로 살피기 어렵고 한갓 위신만 손상할 것이니
좋지 않다.

左右近習之言 不可信聽 雖若閑話 皆有私意

좌우근습지언 불가신청 수약한화 개유사의

* 곁에 가까이 있는 사람들의 말을 그대로 믿는 것은 아니다. 비록 한
담같이 보일지라도 그 말 속에는 거의 사사로운 뜻이 포함되어 있다.

고공(考功)

공적을 공정하게 평가하다

夷事必考其功 不考其功 則民不勸

이사필고기공 불고기공 즉민불권

* 관리가 하는 일은 공적을 평가(고공)하는 일이다. 공적을 잘 평가하지 않으면 백성은 힘써 일하지 않는다.

國法所無 不可獨行 然書其功過 歲終考功 以議施賞 猶賢乎已也

국법소무 불가독행 연서기공과 세종고공 이의시상 유현호이야

* 국법에 없는 것을 혼자 행할 수는 없으나, 그 공과를 기록했다가 연말에 공적을 따져 상을 주는 것은 오히려 현명한 짓이다.

六期爲斷 官先久任而後 可議考功 如其不然 唯信賞必罰 使民信令而以

육기위단 관선구임이후 가의고공 여기불연 유신상필벌 사민신령이이

* 임기를 육 년으로 정하여 수령이 먼저 오래 재임한 연후라야 고공을 논(논공)할 수 있을 것이다. 그렇지 못하면 다만 신상필벌이나 정확하

게 하여 백성으로 하여금 명령을 따르게(믿게) 해야 한다.

호전육조(戶典六條)

경제의 여섯 가지 요령

전정(田政)

농지 행정

牧之職五十四條 田政最難 以吾東田法 本自未善也

목지직오십사조 전정최난 이오동전법 본자미선야

* 거두어들이는 일은 54조 가운데 가장 어렵다. 이는 우리나라의 전정이 본래부터 잘 돼 있지 않기 때문이다.

時行田算之法 乃有方田直田句田梯田圭田梭田腰鼓田諸名 其推算打量之式 仍是死法 不可通用於他田

시행전산지법 내유방전직전구전제전규전사전요고전제명 기추산타량지식 잉시사법 불가통용어타전

* 지금의 전답을 계산하는 법(전산법)에는 방전, 직전, 구전, 제전, 규전, 사전, 요고전 등의 여러 명목이 있는데, 그것을 추산하여 측량하는 방식은 이미 쓸모없는 법이 되어 다른 농지에 통용할 수 없다.

改量者 田政之大擧也 査陳覈隱 以圖苟安 如不獲已 黽勉 改量 其無大害者 悉引其舊 鏧其太甚 以充原額

개량자 전정지대거야 사진핵은 이도구안 여불획이 민면개량 기무대해자 실인기구 리기태심 이충원액

* 논밭의 측량을 개량하는 것은 전정의 중대사이니 묵은 것을 조사하

고, 숨은 것을 밝혀 내고, 구안을 도모하되 제대로 안 될 때는 힘써 고쳐야 한다. 그러나 큰 해가 없는 것은 모두 예전 것에 따르고, 피해가 너무 심한 것만을 골라 바로잡아 원액에 충당해야 한다.

田形萬殊 方田直田圭田句田梯田之形 擧其大綱 不足憑驗

전형만수 방전직전규전구전제전지형 거기대강 부족빙험

* 밭의 형태는 만 가지로 방전, 직전, 규전, 구전, 제전 등 대강을 열거한 것으로, 이를 표준으로 해 산정할 수는 없다.

量田之政 唯先得人 乃可議也

양전지정 유선득인 내가의야

* 전지를 측량하는 법은 오직 먼저 적임자를 얻어야 의논이 가능하다.

畿田雖瘠 本旣從輕 南田雖沃 本旣從重 凡其負束 悉因其舊

기전수척 본기종경 남전수옥 본기종중 범기부속 실인기구

* 경기도의 전지는 메말라 본래부터 전세를 가볍게 정했고, 남쪽 지방의 전지는 비옥해 전세를 본래부터 무겁게 정한 것이니, 모든 부속의 수량은 옛것을 따라야 한다.

唯陳田之遂陳者 明其稅額過重 不可不降等也

유진전지수진자 명기세액과중 불가불강등야

* 묵은 전지는 분명 그 세액이 과중하니 등급을 강등하지 않을 수 없다.

陳田降等 字號遷變 民將多訟 凡其變者 悉給牌面

진전강등 자호천변 민장다송 범기변자 실급패면

* 묵은 밭은 등급을 낮추면 자호가 변경됨으로 장차 백성의 송사가 많을 것이니, 자호가 변경된 것은 증명서를 발급해 두어야 한다.

總之量田之法 莫善於魚鱗爲圖 以作方田 雖有朝令 乃可行也

총지량전지법 막선어어린위도 이작방전 수유조령 내가행야

* 전지 측량법은 어린도(고기비늘 그림)로 방전을 만드는 것보다 더 좋은 방법이 없는데, 모름지기 조정의 명령이 있어야 행할 수 있는 일이다.

查陳者 田政之大目也 陳稅多寃者 不可不查陳也

사진자 전정지대목야 진세다원자 불가불사진야

* 묵은 전지를 조사하는 것은 전정의 중요 대목(大目也)이다. 묵정 밭에 세를 부과하면 원망이 많을 것이니 묵정 밭을 조사하지 않을 수 없다.

陳田起墾 不可恃民 牧宜至誠勤耕 又從而助其力

진전기간 불가시민 목의지성근경 우종이조기력

* 진전을 개간하는 일은 백성의 힘만으로는 불가하다. 수령은 마땅히 정성껏 경작을 권하고 또 그것을 조력해 주어야 한다.

隱結餘結 歲增月衍 宮結屯結 歲增月衍 而原田之稅于公
者 歲減月縮 將若之何也

은결여결 세증월연 궁결둔결 세증월연 이원전지세우공자 세
감월축 장약지하야

* 은결·여결은 해마다 달마다 늘어나고, 궁결·둔결도 해마다 달마다
늘어나고, 국가에 세금으로 내는 원전(세법)은 해마다 달마다 줄어드
니 장차 이를 어찌할까?

세법(稅法)

조세의 부과와 징수

田制旣然 稅法隨紊 失之於年分 失之於黃豆 而國之歲入
無幾矣

전제기연 세법수문 실지어년분 실지어황두 이국지세입무기의

* 전지의 제도가 이미 그러하니 세법 또한 문란하다. 연분에서 잃어버
리고 황두의 수납에서 잃어버리니 나라의 세입이 얼마 되지 않는다.

執災俵災者 田政之末務也 大本旣荒 條理皆亂 雖盡心力
面爲之 無以快於心

집재표재자 전정지말무야 대본기황 조리개란 수진심력면위지
무이쾌어심

* 집재(재난 조사), 표재(재해로 조세 감면)하는 것은 전정의 말단 의
무다. 큰 근본이 이미 거칠어졌기 때문에 조리가 모두 문란하다. 비록
심력을 다하더라도 마음이 쾌하게 될 수는 없다.

書員出野之日 召至面前 溫言以誘之 威言以怵之 至誠惻
怛 有足感動 則不無益矣

서원출야지일 소지면전 온언이유지 위언이출지 지성측달 유
족감동 즉불무익의

* 아전이 재해 조사로 들에 나가는 날엔 앞에 불러 놓고 따뜻한 말로 타이르고 위엄 있게 말하면 (백성을) 지성으로 가엾게 여기고, 유족 (넉넉)하게 감동시키면 유익함이 없지 않을 것이다.

大旱之年 其未移秧踏驗者 宜擇人以任之

　대한지년 기미이앙답험자 의택인이임지

* 큰 가뭄이 있는 해에 모내기하지 못한 논을 답사할 때는 마땅히 사람을 가려서 그 일을 맡겨야 한다.

俵災亦難矣 若其所得 少於所執 平均比例各減幾何

　표재역난의 약기소득 소어소집 평균비례각감기하

* 표재는 어려운 일이다. 만약 인정받은 감세액이 고을에서 조사한 액수보다 적을 때는 비례 평균하여 각각 얼마씩을 감해 주어야 한다.

俵災旣了 乃令作夫 其移來移去 一切嚴禁 其微米之簿 許令從便

　표재기료 내령작부 기이래이거 일체엄금 기미미지부 허령종편

* 표재가 이미 끝났으면 작부(여덟 집을 한 단위로 세미를 징수하는 자)에 명령하여 이사 오가는 것을 일체 금하고, 세미 징수장부는 편리한 방법에 따르도록 허락해야 한다.

奸吏猾吏 潛取民結 移錄於 除役之村者 明査嚴禁

간리활리 잠취민결 이록어 제역지촌자 명사엄금

* 간사하고 교활한 아전이 몰래 민결을 갈취하여 제 역촌으로 옮겨 기록한 것은 명백하게 조사해 엄금해야 한다.

將欲作夫 先取實戶 別爲一冊 以充王稅之額

장욕작부 선취실호 별위일책 이충왕세지액

* 장차 작부를 정하려 할 때 먼저 충실(부유)한 민호를 골라 따로 책을 만들어 놓고 국세의 액수(징수)에 충당해야 한다.

作夫旣畢 乃作計版 計版之實 密察嚴覈

작부기필 내작계판 계판지실 밀찰엄핵

* 작부를 마치면 계판(세액의 비율을 정하는 것)을 만들어야 하며 계판의 내용은 실제적이며 엄격하고 세밀해야 한다.

計版旣成 條列成冊 頒于諸鄕 俾資後考

계판기성 조열성책 반우제향 비자후고

* 이미 계판이 만들어지면 조목을 열거하여 책을 만들어, 여러 고을에 나누어 주고 후일에 참고하도록 해야 한다.

計版之外 凡田疫尙多

계판지외 범전역상다

* 계판의 기록 이외 전역에는 고려할 사항이 너무나 많다.

故羨結之數 不可不定 結總旣羨 田賦稍寬矣

고선결지수 불가부정 결총기선 전부초관의

* 선결의 수를 정함에 결총(전결의 총체)에서 전부(논밭의 세금)가 조금이라도 남으면 다소 융통성을 가져야 한다.

正月開倉 其數米之日 牧宜親受

정월개창 기수미지일 목의친수

* 정월에 창고를 열고 세미를 거두는 날에는 수령이 직접 받아들이는 것이 좋다.

將開倉 傍諭倉村 嚴禁雜流

장개창 방유창촌 엄금잡류

* 창고를 열 때는 창고 있는 마을에 방을 붙이고 잡인의 출입을 일체 금해야 한다.

雖民輸愆期 縱吏催科 是猶縱虎於羊欄 必不可爲也

수민수건기 종리최과 시유종호어양란 필불가위야

*비록 백성이 납기를 어겼다 해도 아전을 풀어 독촉하면 마치 범을 양의 우리에 풀어 넣는 것과 같으니 하지 않는 것만 못하다.

其裝發漕轉 並須詳檢法조 恪守毌犯

기장발조전 병수상 검법조 각수무범

* 장발(실어 보냄)과 조전(배로 운반)은 모두 법조문을 잘 검토해 엄

격히 지켜 과오를 범하지 않도록 해야 한다.

宮田屯田 其剝割太甚者 察而寬之

궁전둔전 기박할태심자 찰이관지

* 궁전, 둔전에서 그 껍질 벗기는 것(착취 부정)이 심하면 잘 살펴서
관대하게 해야 한다.

南北異俗 凡種稅 或田主納之 或佃夫納之 牧惟順俗而治
俾民無怨

남북이속 범종세 혹전주납지 혹전부납지 목유순속이치 비민
무원

* 남과 북의 풍속이 달라서, 종자와 세를 어떤 곳에서는 지주가, 또
어떤 곳에서는 소작인(전부)이 각각 부담한다. 수령은 오직 각 지방
풍속에 따라 처리하여 백성의 원망이 없도록 해야 한다.

西北及關東畿北 本無田政 惟當按籍以循例 無所用心也

서북급관동기북 본무전정 유당안적이순례 무소용심야

* 서북(西北), 관동(關東), 경기 북부(京畿 北部)는 본래 전정이 없는
곳이니 오직 농지 대장을 살펴서 전례대로 할 것이며, 별로 마음쓸 것
이 없다.

火粟之稅 按例比總 唯大饑之年 量宜裁減 大敗之村 量宜
裁減

  화속지세 안례비총 유대기지년 양의재감 대패지촌 양의제감

* 화전의 세곡은 관례에 따라야 하고, 총수와 비교해 기근이 든 해는 재량으로 감해 주고, 큰 해를 당한 마을에는 재량으로 감면해 주어야 한다.

곡부(穀簿)

환곡(대여곡) 관리

還上者 社倉之一變 非糶非糴 田賦之外 又一大賦 爲生民
折骨之病 民劉國亡 呼吸之事也

환상자 사창지일변 비조비적 전부지외 우일대부 위생민절골
지병 민류국망 호흡지사야

* 환상이란 사창이 변한 것이다. 파는 것도 사들이는 것도 아니다. 전
세 이외 또 하나의 큰 부세가 되어서 민생의 뼈를 깎는 병폐다. 이러
다가 백성이 죽고 나라가 망하게 되는 것이 눈앞의 일 같다.

還上之所以弊 其法本亂也 本之旣亂 何以末治

환상지소이폐 기법본란야 본지기란 하이말치

* 환상이 병폐가 되는 것은 본래부터 그 법이 문란하기 때문이다. 그
근본이 흔들리는데 어찌 그 말단이 잘 될 리 있는가?

上司貿遷 大開商販之門 守臣犯法 不足言也

상사무천 대개상판지문 수신범법 부족언야

* 위(상사)에서 거래를 터 크게 장사하는 길을 열고 있으니 밑의 수령
이 법을 범(범법)하는 것은 말할 것도 없다.

守臣翻弄 竊其贏羨之利 胥吏作奸 不足言也

수신번롱 절기영선지리 서리작간 부족언야

* 수령이 농간을 부려 이문을 챙기니 아전이 협잡하는 것은 말할 것도
없다.

上流旣濁 下流難淸 胥吏作奸 無法不具 神姦鬼猾 無以昭
察

상류기탁 하류난청 서리작간 무법불구 신간귀활 무이소찰

* 윗물이 흐리니 아랫물이 어찌 맑을까? 아전의 협잡은 그 방법을 알
수 없으니 귀신 같은 그 농간을 밝혀 낼 수 없다.

弊之如此 非牧之所能救也 惟其出納之數 分留之實 牧能
認明 則吏橫未甚矣

폐지여차 비목지소능구야 유기출납지수 분류지실 목능인명
즉리횡미심의

* 폐단이 이와 같으니 수령이 구제할 방도가 없다. 다만 수령이 출납
의 수량과 나누어 준 것과 남아 있는 실수만 잘 챙기고 있으면 아전들
의 횡포가 조금은 덜할 것이다.

若夫團束簡便之規 惟有經緯表一法 眉列掌視 瞭然可察

약부단속간편지규 유유경위표일법 미열장시 요연가찰

* 아전(夫) 단속을 간편하게 하는 법은 오직 경위표를 만들어 늘어놓
고 손바닥 보듯이 잘(환하게) 살필지어다.

頒糧之日 其應分應留 查驗宜精 須作經緯表 瞭然可察

반량지일 기응분응류 사험의정 수작경위표 요연가찰

* 양곡 나누는 날에는 응당 나누어 줄 양과 남겨 둘 양을 정밀하게 점검해, 모름지기 경위표를 작성하고 잘 살피도록 해야 한다.

凡還上 善收而後 方能善頒 其收未善者 又亂一年 無救術也

범환상 선수이후 방능선반 기수미선자 우란일년 무구술야

* 무릇 환곡이란 잘 거두어들인 후에야 분배도 잘할 수 있는 것인데, 거두어들이는 것을 잘못 하면 또 일 년이 문란하게 되어 백성을 구제할 길이 없게 된다.

其無外倉者 牧宜五日一出 親受之 如有外倉 唯開倉之日 親定厥式

기무외창자 목의오일일출 친수지 여유외창 유개창지일 친정궐식

* 외창이 없는 곳에는 수령이 5일에 한 번씩 나가 친히 받을 것이며, 외창이 있는 곳에는 다만 창고를 열고 수납할 때 친히 나가 자리하면 된다.

凡還上者 雖不親受 必當親頒 一升半龠 不宜使鄕丞代頒 巡分之法 不必拘也

범환상자 수불친수 필당친반 일승반약 불의사향승대반 순분

지법 불필구야

* 무릇 환상이란 친히 받아들이지는 못하더라도 나누어 줄 때는 반드시 친히 나누어 주어야 한다. 한 되 한 홉이라도 향승을 시켜 대신 나누어 주어서는 안 된다. 그리고 몇 번에 걸쳐 분배하는 법(순분지법)에 구애받을 필요는 없다.

凡欲一擧而盡頒者 宜以此意 先報上司

　범욕일거이진반자 의이차의 선보상사

* 무릇 한 번에 다 나누어 주고자 할 때는 마땅히 그 뜻을 상사에게 미리 보고해야 한다.

收糧過半 忽有糶錢之令 宜論理防報 不可奉行

　수량과반 홀유조전지령 의론리방보 불가봉행

* 양곡으로 수납한 것이 반이 넘었는데 다시 돈으로 환산해 받으라는 명령이 떨어지면 곧 사리를 따져 시행 불가를 보고해야 한다.

災年之代收他穀者 別修其簿 隨卽還本 不可久也

　재년지대수타곡자 별수기부 수즉환본 불가구야

* 재해 있는 해에 다른 곡식을 대신 수납한 것은 따로 장부를 만들어 놓았다가 가능한 한 빨리 본래의 곡식으로 바꾸어 놓을 것이며, 오래 그대로 방치해서는 안 된다.

其有山城之穀 爲民痼瘼者 蠲其他徭 以均民役

　기유산성지곡 위민고막자 견기타요 이균민역

* 산성에 둘 곡식은 백성에게 고통이 되니 그 백성에게는 다른 노역을 면제해 주어 노역을 고르게 해야 한다.

其有一二士民 私乞倉米 謂之別還 不可許也

기유일이사민 사걸창미 위지별환 불가허야

* 한두 사민(부호 또는 선비)이 사사로이 창미의 대부를 청하는 것을 별환이라 하는데 이를 허락해서는 안 된다.

歲時頒糧 惟年荒穀貴 乃可爲也

세시반량 유년황곡귀 내가위야

* 설에 양곡 나누어 주는 일은 오직 흉년이 들어 곡식이 귀할 때만 해야 한다.

其或民戶不多 而穀簿太溢者 請而減之 穀簿太少 而接濟無策者 請而增之

기혹민호부다 이곡부태일자 청이감지 곡부태소 이접제무책자 청이증지

* 혹시 구제할 민호가 많지 않고 환곡의 정액이 넘칠 때는 청하여 줄이고, 환곡의 정액이 적어서 받아 구제할 길이 없을 때는 청하여 이를 늘려야 한다.

外倉儲穀 宜計民戶 使與邑倉 其率相等 不可委之下吏 任其流轉

외창저곡 의계민호 사여읍창 기율상등 불가위지하리 임기유전

* 외창에 저장한 환곡은 반드시 백성의 호수를 계산하여 읍창의 저장량과 비율을 맞추고, 아래 아전에게 맡겨 마음대로 하게 해서는 안 된다.

凶年停退之澤 宜均布萬民 不可使捕吏專受也

흉년정퇴지택 의균포만민 불가사포리전수야

* 흉년에 환곡의 회수를 연기해 주는 은혜는 마땅히 모든 백성에게 고루 미쳐야 하고 아전이 독식하게 해서는 안 된다.

吏逋不可不發 徵逋不可太酷 執法宜嚴峻 廬囚宜哀矜

이포불가불발 징포불가태혹 집법의엄준 여수의애긍

* 아전의 포흠은 적발해야 하지만 포흠 징수를 혹독하게 해서는 안 된다. 법의 집행은 준엄해야 하지만 죄수는 가엾게 여겨야 한다.

每四季磨勘之還 其回草成貼者 詳認事理 不可委之於吏手

매사계마감지환 기회초성첩자 상인사리 불가위지어리수

* 사계절마다 마감하는 환곡과 그 회보의 성안은 사리를 따져 자세히 알아서 처리하고, 아전에게 맡겨서는 안 된다.

호적(戶籍)

조세, 요역(징용) 장부

戶籍者 諸賦之源 衆徭之本 戶籍均而後賦役均

호적자 제부지원 중요지본 호적균이후부역균

* 호적이란 모든 세금을 메기는 근본으로, 호적이 바르게 정비되어야 세금과 부역이 고르게 된다.

戶籍貿亂 罔有綱紀 非大力量 無以均平

호적무란 망유강기 비대역량 무이균평

* 호적이 문란하면 기강을 세울 수 없다. 한번 문란해지면 큰 힘을 들여야 호적을 바로잡을 수 있다.

將整戶籍 先察家坐 周知虛實 乃行增減 家坐之簿 不可忽也

장정호적 선찰가좌 주지허실 내행증감 가좌지부 불가홀야

* 다음에 호적을 정리하려면 먼저 가좌(집의 앉은자리)를 살펴 허실을 파악한 뒤 증감을 행해야 함으로, 가좌의 장부를 소홀히 해서는 안 된다.

戶籍期至 乃據此簿 增減推移 使諸里戶額 大均至實 無有

虛僞

호적기지 내거차부 증감추이 사제리호액 대균지실 무유허위

* 호적의 개정 시기가 오면 이 가좌부(家座簿)를 근거로 증감하고 추이하여, 모든 고을의 호구 파악에 정확을 기하고 허위 사실이 없도록 한다.

新簿旣成 直以官令 頒總于諸里 嚴肅立禁令 無敢煩訴

신부기성 직이관령 반총우제리 엄숙립금령 무감번소

* 새 호적부가 만들어지면 관의 명령으로 이를 모든 고을에 나누어 준다. 그리고 엄숙히 금령을 세워 감히 번거로운 소송을 하지 못하게 해야 한다.

若烟戶衰敗 無以充額者 論報上司 大饑之餘 十室九室 無以充額者 論報上司 請減其額

약연호쇠패 무이충액자 논보상사 대기지여 십실구실 무이충액자 논보상사 청감기액

* 만일 백성의 집 숫자가 줄어들어 원래의 호수를 채울 수 없을 때는 이유를 상사에 보고하고, 큰 흉년이 들어 열 집에 아홉 집이 빈 집이 되어 원래 호수를 채울 수 없을 때도 상사에 보고하여 그 액수의 감소를 청해야 한다.

若夫人口之米 正書之租 循其舊例 聽民輸納 期餘侵虐 並宜嚴禁

약부인구지미 정서지조 순기구례 청민수납 기여침학 병의엄

금

* 만약 인구에 대한 수수료 쌀과 정서의 수수료 벼는 관례에 따르며, 백성이 수납하는 대로 들어 주고, 그밖에 침탈 행위는 일체 엄금하는 것이 좋다.

增年者 減年者 冒稱幼學者 僞戴官爵者 假稱鰥夫者 詐爲 科籍者 並行査嚴

증년자 감년자 모칭유학자 위대관작자 가칭환부자 사위과적자 병행사엄

* 나이를 올리거나 줄인 자, 유학이라고 속인 자, 관작을 속인 자, 홀아비라고 거짓말한 자, 과적을 속인 자는 모두 엄하게 다스려야 한다.

凡戶籍事目之自巡營例關者 不可布告民間

범호적사목지자순영례관자 불가포고민간

* 무릇 호적에 관한 사항으로서 순영으로부터 관례에 따라 넘어온 것을 민간에 선포하는 것은 옳지 않다.

戶籍者 國之大政 至嚴至精 乃正民賦 今慈所論 以順俗也

호적자 국지대정 지엄지정 내정민부 금자소론 이순속야

* 호적이란 나라의 큰 정사이니 매우 엄중하고 정밀해야만 백성에게 부과하는 세금이 바르게 될 것이다. 지금 여기서 논할 것은 풍속을 따르는 것뿐이다.

평부(平賦)

공평한 조세와 요역

賦役均者 七事之要務也 凡不均之賦 不可徵 錙銖不均 非
政也

부역균자 칠사지요무야 범불균지부 불가징 치수불균 비정야

* 세금과 부역 부과를 고르게 하는 것이 수령의 정사 가운데 가장 중
요한 의무다. 무릇 공정하지 못한 부과로 조금이라도 더 거둬서는 안
된다. 조금이라도 공정하지 않으면 정치라 할 수 없다.

田賦之外 其最大者民庫也 或以田賦 或以戶賦 費用日廣
民不聊生

전부지외 기최대자민고야 혹이전부 혹이호부 비용일광 민불
료생

* 밭에 부과하는 세금인 전부 이외 가장 큰 부담이 되는 것은 민고(관
청의 비용으로 쓰기 위해 백성으로부터 곡식이나 돈을 거두는 것)다.
전부로 부과하거나 호부로 부과하는 비용이 날로 늘어나 백성이 살아
나갈 길이 막연하다.

民庫之例 邑各不同 其無節制 隨用隨斂者 其瘠民尤烈

민고지례 읍각부동 기무절제 수용수렴자 기려민우열

* 민고의 예는 고을마다 다르고 아무런 절제도 없다. 필요한 대로 수

시로 거두어 들여 백성을 더욱 못살게 한다.

修其法例 明其條理 與民偕遵守之如國法 乃有制也

수기법례 명기조리 여민해준수지여국법 내유제야

* 법례를 다듬고 조리를 밝혀 백성과 함께 국법을 지켜야 비로소 법이 설 것이다.

契房者 衆幣之源 群奸之竇 契房不罷 百事無可爲也

계방자 중폐지원 군간지두 계방불파 백사무가위야

* 계방이란 온갖 폐단의 근원이고, 간사한 무리들의 소굴이다. 계방을 없애지 않고는 어떤 일도(百事) 잘 되지 않는다(無可爲也).

迺査宮田 迺査屯田 迺査校村 迺査院村 凡厥庇隱 踰其所佃 悉發悉敷 以均公賦

내사궁전 내사둔전 내사교촌 내사원촌 범궐비은 유기소전 실발실부 이균공부

* 궁전, 둔전, 교촌, 원촌 등을 조사하여 사실과 달리 은익한 부분이 그 전지를 경작할 만한 호수를 초과할 때는 모조리 들추어 공부를 고르게 할 것이다.

乃査驛村 乃査站村 乃査店村 乃査倉村 凡厥庇隱 非中法理 悉發悉敷 以均公賦

내사역촌 내사참촌 내사점촌 내사창촌 범궐비은 비중법리 실

발실부 이균공부

* 역촌, 참촌, 점촌, 창촌 등을 조사하여 무릇 은닉한 것이 법리에 어긋나면 모조리 들추어 공부(세금 부과)를 고르게 할 것이다.

結斂不如戶斂 結斂則本削 戶斂則工商苦焉 遊食者苦焉 厚本之道也

결렴불여호렴 결렴즉본삭 호렴즉공상고언 유식자고언 후본지도야

* 결렴(농지 면적에 따라 곡식이나 돈을 거두는 것)은 호렴(호당 곡식이나 돈을 거두는 것)만 같지 못하고, 결렴은 근본을 훼손(削)하고, 호렴은 상인·공인을 괴롭힌다. 놀고먹는 자를 없애는 것이 근본(民)을 북돋우는 길이다.

米斂不如錢斂 基本米斂者 宜改之爲錢斂

미렴불여전렴 기본미렴자 의개지위전렴

* 쌀로 거두는 것은 돈으로 거두는 것만 못하다. 쌀로 징수하는 것은 마땅히 돈으로 징수하도록 고쳐야 한다.

其巧說名目 以歸官囊者 悉行蠲減 乃就諸條 刪其濫僞 以輕民賦

기교설명목 이귀관낭자 실행견감 내취제조 산기람위 이경민부

* 교묘하게 명목을 붙여 수령의 주머니로 들어가게 만든 장부는 삭제하고 여러 가지 조목을 붙여서 꾸며 댄 것들은 깎아 없애 백성의 부담

을 가볍게 해야 한다.

朝官之戶 蠲其徭役 不載法典 文明之地 勿蠲之 遐遠之地
權蠲之

조관지호 견기요역 부재법전 문명지지 물견지 하원지지 권견
지

* 조관(대신) 집의 요역을 면제하라는 규정은 법전에 없다. 문명의 땅
(촌락 근처의 땅)은 면제해 주지 말고 먼 시골 땅은 권도로 면제해 주
어야 좋다.

大抵民庫之幣 不可不革 宜於本邑 思一長策 建一公田 以
防斯役

대저민고지폐 불가불혁 의어본읍 사일장책 건일공전 이방사
역

* 대저 민고의 폐단을 개혁하지 않을 수 없다. 마땅히 그 고을을 위한
방책을 고안하여 한 곳에 공전을 마련하여 부역을 없애야 한다.

民庫下記之招鄉儒査檢 非禮也

민고하기지초향유사검 비례야

* 민고의 기록을 고을 선비를 불러 살피게(査檢) 하는 것은 예가 아니
다.

雇馬之法 國典所無 其賦無名 無弊者因之 有弊者罷之

고마지법 국전소무 기부무명 무폐자인지 유폐자파지

* 고마법(말을 세내는 법)은 국법에 없다. 세목이 없는 부과는 폐단이 없으면 무관하지만 폐단이 있는 것은 폐지해야 한다.

均役以來 魚鹽船稅 皆有定律 法久幣生 吏緣爲奸

균역이래 어염선세 개유정률 법구폐생 이연위간

* 균역법이 제정된 이후 어염 선세에는 일정한 세율이 있는데 법이 오래되어 폐단이 많아(폐생) 아전들이 농간을 부린다.

船有多等 道各不同 點船唯循舊例 收稅但察疊徵

선유다등 도각부동 점선유순구례 수세단찰첩징

* 배에는 등급이 많고 도마다 각각 다르니 배를 점검할 때는 관례를 따를 것이며, 세금을 중복 징수하는 일이 없도록 살펴야 한다.

魚稅之地 皆在海中 無以細察 唯期比總 時察橫徵

어세지지 개재해중 무이세찰 유기비총 시찰횡징

* 어세의 부과 대상물은 바다 속에 있으니 자세히 살필 수 없다. 오직 정기적으로 총액을 비교해 함부로 징수하는 일이 없도록 할 것이다.

鹽稅本輕 不爲民病 唯期比總 時察橫斂

염세본경 불위민병 유기비총 시찰횡렴

* 염세는 본래 가벼워서 백성에게 큰 병폐가 되지 않으니 정기적으로 총액을 비교하여 함부로 징수하는 일이 없도록 해야 한다.

土船官船 魚商鹽商 苔藿之商 厥有深冤 無處告訴 邸稅是
也

토선관선 어상염상 태곽지상 궐유심원 무처고소 저세시야

* 토선과 관선을 이용하는 어상(생선장수), 염상(소금장수), 태곽상
(김·미역 장수)으로서 억울한 일이 있어도 호소할 길 없는 것에 저세
(선주에 받치는 세)라는 것이 있다.

場稅 關稅 津稅 店稅 僧鞋 巫女布 其有濫徵者 察之

장세 관세 진세 점세 승혜 무녀포 기유람징자 찰지

* 장세(장터세), 관세(교통세), 진세(나룻세), 점세(여관에 매기는 세
금), 승혜(승려에게 거두는 짚신), 무녀포(무녀에게 받아들이는 배·
명주) 등을 지나치게 징수하는 일이 없도록 해야 한다.

力役之政 在所愼惜 非所以爲民興利者 不可爲也

역역지정 재소신석 비소이위민흥리자 불가위야

* 백성을 힘들게 하는 정사는 함부로 해서는 안 되고, 백성에게 이익
이 되는 일이 아니면 해서는 안 된다.

其無名之物 出於一時之謬例者 亟宜革罷 不可因也

기무명지물 출어일시지류례자 극의혁파 불가인야

* 명분도 없고 한때의 잘못된 생각으로 정한 관례는 마땅히 폐지해야
하며, 그것에 따르지 말아야 한다.

或有助徭之穀 補役之錢 布在民間者 每爲豪戶所呑 其可
查拔者徵之 其不可追者 蠲而補之

혹유조료지곡 보역지전 포재민간자 매위호호소탄 기가사발자
징지 기불가추자 견이보지

* 조료의 곡식이나 보역전이 민간에 깔려 있는 것을 세력가가 거두어
먹었을 때는, 조사해서 가려낼 수 있는 것은 징수하고 추징할 수 없는
것은 덜고 보충해야 한다.

欲賦役之大均 必講行戶布口錢之法 民生乃安

욕부역지대균 필강행호포구전지법 민생내안

* 부역을 지극히 공정하게 하려면 반드시 호포, 구전의 법을 강구해
시행해야 민생이 안정된다.

권농(勸農)

농사 지도

農者民之利也 民所自力 莫愚者民 先王勸焉

농자민지리야 민소자력 막우자민 선왕권언

* 농사는 백성을 위(爲 또는 利)하는 것이니 백성이 스스로 알아서 힘 쓰겠지만, 더할 수 없이 어리석은 것이 백성이라 옛 임금은 농사를 권 장했다.

古之賢牧 勤於勸農 以爲聲績 故農桑爲七事之首

고지현목 근어권농 이위성적 고농상위칠사지수

옛날 어진 목민관은 권농을 부지런히 하여 자신의 명예와 치적으로 삼 았다. 농사와 양잠을 일곱 가지 일 중에 으뜸이라 했다.

農者食之本 桑者衣之本 故課民種桑 爲守令之要務

농자식지본 상자의지본 고과민종상 위수령지요무

* 농사는 먹는 것의 근본이요, 양잠은 입는 것의 근본이니, 백성에게 뽕나무 심게 하는 것은 수령의 중요한 의무다.

樹之材木 樹之菜菓 字其六畜 所以輔農也

수지재목 수지채과 자기육축 소이보농야

* 재목 될 나무를 심고, 채소·과일을 심으며, 여섯 가지 동물을 기르

는 것은 농사에 보탬(보조)이 된다.

勸農之要 又在乎蠲稅薄征 以培其根

  권농지요 우재호견세박정 이배기근

* 농사를 권장하는 요령은 세금을 줄여 주어 그 근본을 배양하는 데
있다.

總之勸農之政 宜先授職 不分其職 雜勸諸業 非先王之法
也

  총지권농지정 의선수직 불분기직 잡권제업 비선왕지법야

* 총체적으로 말하면 농사를 권장하는 정사는 마땅히 먼저 직책을 맡
겨 주는 일이다. 직책을 나누어 맡기지 않고, 여러 가지 직책을 뒤섞
어 권장하는 것은 선왕의 법이 아니다.

凡勸農之政 宜分六科 各授其職 各考其功 登其上製 以勸
民業

  범권농지정 의분육과 각수기직 각고기공 등기상제 이권민업

* 평소의 권농책은 마땅히 농사를 여섯 분과로 나누어 그 직책을 맡기
고, 각각 그 공적을 상고해 벼슬을 올려 주고 백성의 생업을 권장하는
것이다.

每春分之日 下帖于諸鄕 約以農事早晚 考校賞罰

  매춘분지일 하첩우제향 약이농사조만 고교상벌

* 매년 춘분날에는 여러 향리에 통첩을 보내 농사를 제때 한 것과 늦
춘 것을 가려(상고) 상벌을 시행한다는 것을 약속한다.

唯桑苧之田 宜別置官地 屬之民庫 以補民謠

유상저지전 의별치관지 속지민고 이보민요

* 오로지 뽕나무와 모시 심은 밭은 마땅히 따로 관전을 설치하고, 그
수입을 개인 창고에 귀속시켜서 백성을 살찌게(이롭게) 하는 것이 좋
을 것이다.

예전육조(禮典六條)

인륜 도덕의 여섯 가지 기준

제사(祭祀)

수령이 주관하는 제례 의식

郡縣之祀 三壇一廟 知其所祭 心乃有嚮 乃齋乃敬

군현지사 삼단일묘 지기소제 심내유향 내재내경

* 군현의 제사에는 삼단 일묘(사직단, 성황단, 여단의 삼당과 문묘)가
있다. 그 제사 지내는 의미를 알면 마음이 기울 것이며, 마음이 기울
면 이내 재계되고 공경하게 된다.

文廟之祭 牧宜躬行 虔誠齊沐 爲多士倡

문묘지제 목의궁행 건성제목 위다사창

* 문묘의 제사는 목민관이 몸소 거행(궁행)한다. 목욕재계하고 공경하
며 정성스러운 마음으로 많은 선비를 창도한다.

廟宇有頹 壇墠有毀 祭服不美 祭器不潔 並宜修葺 無爲神
羞

묘우유퇴 단선유훼 제복불미 제기불결 병의수즙 무위신수

* 사당이 퇴락했거나 제단이 허물어졌거나 제복이 더럽거나 제기가 깨
끗하지 못하면 마땅히 손질, 보수해서 신(하늘)께 부끄러움이 없도록
해야 한다.

境內有書院 公賜其祭者 亦須虔潔 無失士望

경내유서원 공사기제자 역수건결 무실사망

* 경내에 서원이 있고 그 제사를 맡은 자가 있으면, 역시 경건하고 정결하게 하여 선비들의 기대에 어긋나지 않게 해야 한다.

其有祠廟在境內者 其修葺庇治 宜亦如之

기유사묘재경내자 기수즙비치 의역여지

* 경내의 사당과 묘를 수리하고 관리하는 것은 마땅히 전같이 해야 한다.

牲不瘠蠡 粢盛有儲 斯可曰賢牧也

생불척려 자성유저 사가왈현목야

* 희생(제사에 올릴 짐승)은 야위거나 옴에 걸린 것이 아니고, 제사에 쓸 기장과 피도 준비해 두어야 좋은(어진) 목민관이라 할 수 있다.

祈雨之祭 祈于天也 今之祈雨 戱慢褻瀆 大非禮也

기우지제 기우천야 금지기우 희만설독 대비례야

* 기우제는 하늘에 비는 것인데 오늘날의 기우제 지내는 것은 오히려 하늘을 모독하니 크게 잘못이다.

祈雨祭文 宜自新製 或用舊錄 大非禮也

기우제문 의자신제 혹용구록 대비례야

* 기우 제문은 새로 지어야 하고 헌것을 쓰면 크게 잘못하는 일이다.

日食月食 其救食之禮 亦宜莊嚴 無敢戲慢

일식월식 기구식지례 역의장엄 무감희만

* 일식·월식 때의 구식(救食) 예절은 마땅히 장중 엄숙해야 하며, 희롱삼아 하는 일이 아니다.

빈객(賓客)

공적 손님의 접대

賓者 五禮之一 氣籩牢諸品 已厚則傷財 已薄則失歡 先王
爲之節中制禮 使厚者不得踰 薄者不得減 其制禮之本 不
可以不遡也

빈자 오례지일 기희뢰제품 이후즉상재 이박즉실환 선왕위지
절중제례 사후자부득유 박자부득감 기제례지본 불가이불소야

* 손님 접대는 5례의 하나다. 접대하는 데 드는 물품이 너무 많으면
낭비가 되고, 너무 박하면 환대의 뜻이 모자란다. 옛날 임금은 중용을
지켜 지나치게 후하지 않고 지나치게 박하지 않았다. 그러니 예법의
근본 취지는 옛날로 거슬러 올라가 살피지 않을 수 없다.

古者燕饗之饌 原有五等 上自天子 下室三士 其吉 凶所用
無以外是也

고자연향지찬 원유오등 상자천자 하실삼사 기길흉소용 무이
외시야

* 연향(음식 대접)의 찬에는 5등급이 있으니, 위로 천자로부터 아래로
삼사에 이르기까지 길흉 간에 사용되는 범위를 벗어나게 해서는 안 된
다.

今監司巡歷 天下之巨弊也 此幣不革 則賦役煩重 民盡劉

矣

금감사순력 천하지거폐야 차폐불혁 즉부역번중 민진류의

* 근래 감사가 자주 각 고을을 순회하는데 이는 천하의 폐단이다. 이
폐단을 고치지 않으면 부역이 무거워 백성은 살기 어렵게 된다.

內饌非所以禮賓 有其實而無其名 抑所宜也

내찬비소이례빈 유기실이무기명 억소의야

* 내찬(안방 대접)은 손님을 대접하는 예가 아니다. 그 실행(실제)에
명분이 없으면 억제하는 것이 마땅하다.

監司廚傳之式 厥有祖訓 載在國乘 義當恪遵 不可毁也

감사주전지식 궐유조훈 재재국승 의당각준 불가훼야

* 감사에게 음식을 대접하는 형식은 전래하는 예법이 있다. 국승에 기
재돼 있으니 마땅히 정성껏 준수하여 훼손하지 말아야 한다.

一應賓客之饗 宜遵古禮 嚴定厥式 法雖不立 禮宜常講

일응빈객지향 의준고례 엄정궐식 법수불립 예의상강

* 일체의 손님 대접은 마땅히 고례를 따르고 엄정하게 그 법식을 지켜
야 한다. 비록 법이 서지 않아도 예는 마땅히 언제나 강조되어야 한
다.

古之賢牧 其接待上官 不敢踰禮 咸有芳徽 布在方冊

고지현목 기접대상관 불감유례 함유방휘 포재방책

* 옛날 어진 수령은 상관을 접대하는 데 감히 예법을 넘어서지 않았다. 그 아름다운 향기(행적)가 여러 기록(책)에 남아 있다.

雖非上官 凡使星之時過者 法當致敬 其橫者勿受 餘宜恪恭

수비상관 범사성지시과자 법당치경 기횡자물수 여의각공

* 비록 상관이 아니라도 모든 사성(임금의 심부름으로 지방에 나온 벼슬아치)은 마땅히 공경해야 한다. 그러나 그 중에 횡포한 자는 외면하고, 그렇지 않은 자는 정성껏 대접한다.

古人於內侍所過 猶或抗義 甚者車駕所經 猶不敢虐民以求媚

고인어내시소과 유혹항의 심자거가소경 유불감학민이구미

* 옛사람은 내시가 지나갈 때에는 의(義)로 대하고 심한 자는 임금이 지나갈 때도 백성을 괴롭히면서까지 아부하지 않았다.

교민(敎民)

백성 교화

民牧之職 敎民而已 均其田産 將以敎也 平其賦役 將以敎
也 設官置牧 將以敎也 明罰飭法 將以敎也 諸政不修 未遑
興敎 此百世之所以無善治也

민목지직 교민이이 균기전산 장이교야 평기부역 장이교야 설
관치목 장이교야 명벌칙법 장이교야 제정불수 미황흥교 차백세
지소이무선치야

* 목민관의 직책은 백성을 가르치는 데 있다. 가르치는 것이 곧 다스
리는 것이다. 그들의 토지와 생산을 고르게 하는 것도 백성을 가르치
기 위함이다. 백성의 부역을 공평하게 하는 것도 백성을 가르치기 위
함이다. 형벌을 밝히고, 법을 개척하는 것도 백성을 가르치기 위함이
다. 여러 가지 정치가 바르지 않으면 교화를 펼 수 없다. 이는 백대를
통한 선치가 없는 까닭이다.

不敎而刑 謂之罔民 其有嚚訟 不知羞恥者 姑惟敎之 不可
遽刑

불교이형 위지망민 기유은송 부지수치자 고유교지 불가거형

* 가르치지 않고 형벌을 주는 것을 망민이라 한다. 말다툼과 소송을
좋아하면서 부끄러움을 모르는 자라도 우선 가르쳐야지, 형벌만 가해
서는 안 된다.

遐陬絶徼 遠於王化 勸行禮俗 亦民牧之先務也

하추절요 원어왕화 권행예속 역민목지선무야

* 먼 시골과 떨어진 변방은 임금의 가르침(敎化)에서 멀다. 예속(禮俗)을 권해 행하게 하는 것은 목민관이 먼저 힘쓸 일이다.

束民爲伍 以行鄕約 亦古鄕黨州族之遺意 威惠旣洽 勉而行之可也

속민위오 이행향약 역고향당주족지유의 위혜기흡 면이행지가야

* 백성을 결속해 오(伍)를 만들어 향약을 행하게 하는 것도 또한 옛날 향당이나 주족제도를 본뜬 것이다. 위엄과 은혜가 흡족하게 된 뒤에 힘써 실행하는 것이 좋다.

若夫矯激之行 偏狹之義 不宜崇奬 以啓流弊 其義精也

약부교격지행 편협지의 불의숭장 이계류폐 기의정야

* 지나치게 과격(矯激)한 행동이나 편협한 의리를 숭상하거나 장려해 폐단이 되지 않게 해야 한다. 이것이 의(義)의 정수(精髓)다.

흥학(興學)

교육 진흥

古之所謂學校者 習禮焉 習樂焉 今禮壞樂崩 學校之敎 讀
書而已

고지소위학교자 습례언 습악언 금례괴악붕 학교지교 독서이
이

* 옛날 학교에서는 예를 배우고 악을 익혔는데, 지금은 예도 무너지고
악도 무너지니 학교의 가르침은 다만 글 읽는 것뿐이다.

文學者 小學之敎也 然則後世之所謂興學者 旣猶爲小學乎

문학자 소학지교야 연즉후세지소위흥학자 기유위소학호

* 문학이란 소학의 가르침이다. 그런즉 후세에 와서 소위 학교를 세운
다는 것이 소학을 하는 것과 같다 할 수 있다.

學者 學於師也 有師而後 有學 招延宿德 使爲師長然後 學
規乃可議也

학자 학어사야 유사이후 유학 초연숙덕 사위사장연후 학규내
가의야

* 배운다는 것은 스승에게 배우는 것이다. 스승이 있은 후에 배움이
있으니 오랜 덕을 쌓은 이를 초빙해 스승을 삼은 다음에 배움의 규칙

을 논할 것이다.

修葺堂廡 照菅米廩 廣置書籍 亦賢牧之所致意也

　수즙당무 조관미름 광치서적 역현목지소치의야

학교를 고치고, 쌀 주는 것을 잘 보살펴 관리하며, 널리 서적을 비치하는 일도 어진 목민관이 유의할 일이다.

簡選端方 使爲齋長 以作表率 待之以禮 養其廉恥

　간선단방 사위재장 이작표솔 대지이례 양기염치

* 단아하고 방정한 자를 가려 재장(훈장)으로 삼아 예로 대우하여 염치(敎育)를 가르치게 해야 한다.

季秋行養老之禮 敎以老老 孟冬行鄕飮之禮 敎以長長 仲
秋行饗孤之禮 敎以恤孤

　계추행양노지례 교이노로 맹동행향음지례 교이장장 중추행향고지례 교이흘고

* 늦가을 양로의 예를 거행하여 늙은이를 늙은이로 섬기는 도리를 가르치고, 초겨울에는 향음의 예를 행하여 어른을 어른으로 대접하는 도를 가르치고, 중추에 향고의 예를 거행하여 외로운 사람(孤兒)을 구휼하는 예를 가르친다.

以時行鄕射之禮 以時行投壺之禮

　이시행향사지례 이시행투호지례

* 때를 살펴 향사의 예를 행하며 때를 살펴 투호의 예를 행한다.

변등(辨登)

위계질서

辨等者 安民定志之要義也 等威不明 位級以亂 則民散而
無紀矣

변등자 안민정지지요의야 등위불명 위급이란 즉민산이무기의

* 신분의 등급을 구별하는 것은 백성을 편안하게 하고 뜻을 안정시키
는 요긴한 일이다. 등급에 따른 위엄이 분명하지 않고 지위와 계급이
문란해지면 민심(백성)이 흩어져 기강이 무너진다.

族有貴賤 宜辨其等 勢有强弱 宜察其情 二者不可以偏廢
也

족유귀천 의변기등 세유강약 의찰기정 이자불가이편폐야

* 무리에는 귀천이 있으니 마땅히 그 등급을 가려야(판별해야) 하고,
세력에는 강약이 있으니 마땅히 그 정상을 살펴야 한다. 이 두 가지는
어느 것도 소홀히 할 수 없다.

凡辨等之政 不唯小民是懲 中之犯上 亦可惡也

범변등지정 불유소민시징 중지범상 역가악야

* 등급을 구분하는 일(정책)은 오직 천한 백성만을 징계할 것이 아니
라 중인(中人)이 윗사람을 범하는 것도 또한 징계해야 한다.

宮室車乘衣服器用 其僭侈踰制者 悉宜嚴禁

궁실거승의복기용 기참치유제자 실의엄금

* 주택과 수레와 말, 의복 등을 참란하게 사치하는 것은 모두 법을 범
하는 것으로 마땅히 엄금해야 한다.

과예(課藝)

과거제도

過擧之學 壞人心術 然選擧之法未改 不得不勸其肄習 此
之謂課外

과거지학 괴인심술 연선거지법미개 부득불권기이습 차지위과
외

* 과거벼슬을 위한 학문은 사람의 심성을 파괴한다. 그러니 사람 뽑는
법을 고치지 않은 한 과거공부를 익히는 것을 권장하지 않을 수 없으
니, 이것을 과예(課藝)라 한다.

課藝宜亦有額 旣擧旣選 乃試乃編 於是乎課之也

과예의역유액 기거기선 내시내편 어시호과지야

* 과거에는 마땅히 정원이 있어야 한다. 이미 추천해서 뽑았으면 시험
을 치르게 하고 이내 편성해 본시험을 치르게 해야 한다.

近世以來 文體卑下 句法澆悖 篇法短促 不可以不正也

근세이래 문체비하 구법요패 편법단촉 불가이부정야

* 근세에 와서 문체가 비루하고, 격이 낮고, 편법(篇法)이 짧고, 촉박
하니, 이를 바르게 하지 않을 수 없다.

童蒙之聰明强記者 別行抄選 敎之誨之

동몽지총명강기자 별행초선 교지회지

* 아이 중에 총명하고 기억력(강기)이 좋은 아이는 따로 뽑아 가르쳐
야 한다.

課藝旣勸 科甲相續 遂爲文明之鄕 亦民牧之至榮也

과예기권 과갑상속 수위문명지향 역민목지지영야

* 과예를 권하여 급제자가 이어 나오면 이내 개명(文明)한 고을이 되
는 것이니 이 또한 목민관의 영광이다.

병전육조(兵典六典)

병역의 여섯 가지 규정

첨정(簽丁)

군역과 징집

簽丁收布之法 始於梁淵 至于今日 流波浩漫 爲生民 切骨
之病 此法不改 而民盡劉矣

첨정수포지법 시어양연 지우금일 유파호만 위생민 절골지병
차법불개 이민진류의

* 병적부(첨정)를 작성하여 군포를 징수하는 법은 양연(중종 때 사람)
의 건의로 시작되어 오늘에 이르고 있는데 폐단이 너무 심하여 백성들
의 뼈에 사무치는 병이 됐다. 이 법을 고치지 않으면 백성은 모두 죽
게 될 것이다.

隊伍名也 米布實也 實之旣收 名又奚詰 名之將詰 民受其
毒 故善修軍者 不修 善簽丁者 不簽 査虛覈故 補闕責代者
夷之利也 良牧不爲也

대오명야 미포실야 실지기수 명우해힐 명지장힐 민수기독 고
선수군자 불수 선첨정자 불첨 사허핵고 보궐책대자 이지리야 양
목불위야

* 대오(隊伍)란 명목뿐이며, 쌀과 포를 거두는 것이 실제의 목적이다.
실제의 목적이 거두는 것인데 명목을 어찌 또 묻겠는가. 명목을 또 물
으려 한다면 백성이 그 피해를 입을 것이다. 때문에 군정을 잘 다스리
는 자는 다스림만을 일삼지 말고, 거짓 이름을 조사하고 죽은 것을 밝

혀서 결원을 보충하고 대신할 자를 요구하는 것은 아전들의 이익이 되는 것이니, 어진 목민관은 이런 일을 하지 않는다.

其有一二不得不簽補者 宜執饒戶 使補役田 以雇實軍

기유일이부득불첨보자 의집요호 사보역전 이고실군

* 부득히 한두 명을 보충할 때는 의당 넉넉한 집을 찾아(잡아) 역전으로 보충하고 실제 군사로 고용한다.

軍役一根 簽至五六 咸收米布 以歸吏囊 斯不可不察也

군역일근 첨지오륙 함수미포 이귀리낭 사불가불찰야

* 군역 한 자리에 오륙 명을 뽑아 두고 쌀과 포목을 거두어 아전의 주머니로 들어가게 하는 경우가 있으니 이를 살피지 않을 수 없다.

軍案軍簿 並置政堂 嚴其鎖鑰 無納吏手

군안군부 병치정당 엄기쇄약 무납리수

* 군의 문서는 모두 정당에 보관하고 엄하게 자물쇠를 채워 아전의 손에 들어가지 않게 해야 한다.

威惠旣洽 吏畏民懷 尺籍乃可修也

위혜기흡 이외민회 척적내가수야

* 수령의 위엄과 은혜가 이미 흡족하여 아전이 두려워하고, 백성이 은혜를 느끼면 척적(군적의 기초 장부)을 정리한다.

欲修尺籍 先破契房 而書院驛村 豪戶大墓 諸凡逃役之藪

不可不查括也

욕수척적 선파계방 이서원역촌 호호대묘 제범도역지수 불가
불사괄야

* 척적을 정리하려면 먼저 계방을 없애고 서원, 역촌, 세력가(豪戶),
대묘와 병역의 도피 소굴을 살피지 않을 수 없다.

收布之日 牧宜親受 委之下吏 民費以倍

수포지일 목의친수 위지하리 민비이배

* 포를 거두는 날에는 목민관이 직접 나서 받아야 한다. 아래 아전에
게 맡기면 백성은 곱으로 물게 된다.

僞造族譜 盜買職牒 圖免軍簽者 不可以不懲也

위조족보 도매직첩 도면군첨자 불가이부징야

* 족보를 위조하고 몰래 사서 군적을 면하려는 자는 징계를 아니 할
수 없다.

上番軍裝送者 一邑之巨弊也 十分嚴察 乃無民害

상번군장송자 일읍지거폐야 십분엄찰 내무민해

* 상번 설 군사를 올려보내는 것은 온 고을의 큰 폐단이니, 십분 잘
살펴 백성의 피해가 없도록 해야 한다.

연졸(練卒)

군사훈련

今之所謂 練卒虛務也 一曰束伍 二曰別隊 三曰吏奴隊 四
曰水軍 法旣不具 練亦無益 應文而已 不必擾也

금지소위 연졸허무야 일왈속오 이왈별대 삼왈이노대 사왈수
군 법기불구 연역무익 응문이이 불필요야

* 오늘날 군사훈련(연졸)은 헛수고가 많다. 첫째 속오, 둘째 별대(기
병), 셋째 이노대(아전관노비군), 넷째 수군 등 아직 법이 불비하니
훈련해도 유익하지 않다. 공문이 오면 회답이나 하고 법석을 떨 필요
는 없다.

惟其旗鼓號令 進止分合之法 宜練習詳熟 非欲敎卒 要使
衙官列校 習於規例

유기기고호령 진지분합지법 의련습상숙 비욕교졸 요사아관렬
교 습어규례

* 오직 기고(징, 북)의 호령에 맞추어 나가고, 멈추고, 흩어지고, 모이
고 하는 법은 마땅히 상세하고 익숙하게 연습해 두어야 한다.

吏奴之練 最爲要務 前期三日 宜預習之

이노지련 최위요무 전기삼일 의예습지

* 아전과 관노의 훈련은 가장 중요한 일이다. 기한 사흘 전에 미리 훈
련해 두어야 한다.

若年豊備弛 朝令無停 以行習操 則其充伍飾裝 不得不致
力

약년풍비이 조령무정 이행습조 즉기충오식장 부득불치력

* 만약 풍년이 들고 준비가 해이하더라도 조정이 정지하라는 명령이
없으면 조련을 시행해야 하며, 그 대오의 인원을 보충하고 장비를 갖
추는 데 힘쓰지 않으면 안 된다.

軍中收斂 軍律至嚴 私練公操 宜察是弊

군중수렴 군율지엄 사련공조 의찰시폐

* 군에서 돈 걷는 것은 군율을 엄중히 하여 사련(고을에서 하는 훈련)
이나 공련(조정 지시에 의한 훈련)에서 폐단이 없도록 잘 살펴야 한
다.

水軍之置於山郡 本是謬法

수군지치어산군 본시류법

* 수군을 산중 고을에 두는 것은 본래 잘못된 법이다.

水操有令 宜取水操程式 逐日肄習 俾無闕事

수조유령 의취수조정식 축일이습 비무궐사

* 수군 조련의 명령이 있으면 마땅히 수군 훈련의 규칙에 따라 매일
연습하여 빠지는 일이 없도록 해야 한다.

수병(修兵)

병기 관리와 조작 훈련

兵者 兵器也 兵可百年不用 不可一日無備 修兵者 土臣之
職也

병자 병기야 병가백년불용 불가일일무비 수병자 토신지직야

* 병은 바로 병기다. 병기는 백년을 쓰지 않아도 좋으나 하루도 준비
가 없으면 안 된다. 병기를 정비하는 것은 수령의 몫(직분)이다.

箭竹之移頒者 月課火藥之分送者 宜思法意 謹其出納

전죽지이반자 월과화약지분송자 의사법의 근기출납

* 전죽(화살 만드는 대나무)을 옮겨 나누어 주는 것과 달마다 화약을
나누어 주는 것은 마땅히 법의 목적에 따르고 함부로 출납하는 것을
삼가야 한다.

若朝令申嚴 以時修補 未可已也

약조령신엄 이시수보 미가이야

* 조정의 명령이 엄중함으로 수시로 병기를 보수하지 않을 수 없다.

권무(勸武)

무예의 장려

東俗柔謹 不喜武技 所習惟射 今亦不習 勸武者 今日之急
務也

동속유근 불희무기 소습유사 금역불습 권무자 금일지급무야

* 우리나라 풍속(동속)은 유순 근신하여 무예를 좋아하지 않고, 겨우
활쏘기만 익힐 뿐이다. 지금은 그마저 익히지 않으니 무예를 권장하는
것이 오늘날 시급한 일이다.

牧之久任者 州或至六朞 惝能如是者 勸之而民勤矣

목지구임자 주혹지륙기 췌능여시자 권지이민근의

* 수령으로 오래 유임하는 자는 6년에 이르기도 한다. 이같이 될 것으
로 생각하고 무예를 권장하면 백성도 힘쓸 것이다.

强弩之張設發放 不可不習

강노지장설발방 불가불습

* 강노(기계 장치의 활)를 장치하고 발방(쏘는 법)을 익히지 않으면
안 된다.

若夫號令坐作之法 馳突擊刺之勢 須有隱憂乃可肄習

약부호령좌작지법 치돌격자지세 수유은우내가이습

* 호령하고, 앉고 서는 법과, 달리고 돌격하고 찌르는 법(勢) 등은,
국난의 근심이 언제나 잠재하므로 미리 익히고 연습하는 것이 좋다.

응변(應變)

변란에 대비

守令乃佩符之官 機事多不虞之變 應變之法 不可不預講

수령내패부지관 기사다불우지변 응변지법 불가불예강

* 수령은 병권을 가진(병부를 차고 있는) 관원이다. 뜻밖의 변이 많으
니 응변의 방법을 미리 강구(預講)해 두는 것이 좋다.

訛言之作 或無根而自起 或有機而將發 牧之應之也 或整
而鎭之 或默而察之

와언지작 혹무근이자기 혹유기이장발 목지응지야 혹정이진지
혹묵이찰지

* 뜬소문이 근거 없이 나돌고, 혹은 장차 무엇이 일어날 기미가 있을
수도 있는데, 목민관은 이에 부응해 혹은 조용히 진압하고, 혹은 조용
히 살피기도 해야 한다.

凡掛書 投書者 或焚而滅之 或默而察之

범괘서 투서자 혹분이멸지 혹묵이찰지

* 모든 괘서나 투서는 태워서 없애 버리기도 하고, 혹은 말없이 살펴
보아야 한다.

或有强盜流賊 放火打家 宜勿驚動 靜思歸趨 以應其變

혹유강도류적 방화타가 의물경동 정사귀추 이응기변

* 강도나 유적이 집을 방화하고 파괴하면 마땅히 경동하지 말고 조용히 그 귀추를 살피고 그 변고에 대처해야 한다.

或土俗獷悍 謀殺官長 或執而誅之 或靜以鎭之 炳幾折奸
不可膠也

혹토속광한 모살관장 혹집이주지 혹정이진지 병기절간 불가
교야

* 지방 풍속이 광한(패악)하여 관장을 살해하려는 음모가 있으면 잡아 죽이거나 조용히 진압한다. 혹시 일의 기미를 밝혀 간사한 것을 꺾고 없애야지 변통성 없이 해서는 안 된다.

強盜流賊 相聚爲亂 或諭以降之 或計以擒之

강도류적 상취위란 혹유이항지 혹계이금지

* 강도와 유적이 서로 모여서 난을 일으키면, 혹 회유하여 항복하도록 하고, 혹은 계교로 사로잡아야 한다.

土賊旣平 人心疑懼 宜推誠示信 以安反側

토적기평 인심의구 의추성시신 이안반측

* 토적이 평정된 뒤에도 사람들이 의심하고 두려워하면 마땅히 정성을 다하고 믿음을 보여 불안한 인심을 안정시켜야 한다.

어구(禦寇)

방어 대책

值有寇難 守土之臣 宜守疆域 其防禦之責 與將臣同

치유구난 수토지신 의수강역 기방어지책 여장신동

* 변란을 당하면 수령은 마땅히 맡은 땅을 지켜야 하며, 그 방위의 책임은 장상과 진배없다.

兵法曰 虛而示之實 實而示之虛 此又守禦者所宜知也

병법왈 허이시지실 실이시지허 차우수어자소의지야

* 병법에 말하기를, 허하면서 실한 것처럼 보이고 실하면서 허한 것처럼 보이라 했다. 이는 방어의 책임자로 마땅히 알아야 할 일이다.

守而不攻 使賊過境 是以賊而遺君也 追擊庸得已乎

수이불공 사적과경 시이적이유군야 추격용득이호

* 지키기만 하고 공격하지 않아 도적이 월경하면 도적을 임금께 보내는 것이나 다름없는데, 어찌 추격을 그만두랴.

危忠凜節 激勵士卒 以樹尺寸之功 上也 勢窮力盡 繼之以死 以扶三五之常 亦分也

위충름절 격려사졸 이수척촌지공 상야 세궁역진 계지이사 이

부삼오지상 역분야

* 위험을 개의치 않은 충성과 늠름한 절의로 사졸을 격려하여 작은 공이라도 세우게 하는 것이 최상의 도리요, 형세가 궁하고 힘이 다하도록 싸우다 죽음으로써 삼강오륜을 세우는 것 또한 분수에 맞는 일이다.

乘輿播越 守土之臣 進其土膳 表厥忠愛 亦職分之常也

　승여파월 수토지신 진기토선 표궐충애 역직분지상야

* 임금이 지방으로 피난(파천)해 오면 지방을 지키는 수령은 그 지방 음식(토선)을 올려 충성심을 표하는 것 또한 직분에 맞는 일이다.

兵所不及 撫綏百姓 務材訓農 以贍軍賦 亦守土之職也

　병소불급 무수백성 무재훈농 이섬군부 역수토지직야

* 난리가 없는 지방(병이 미치지 않는 지방)에서는 백성을 편안케 위무하고, 농구 생산에 힘쓰고, 농사를 권장하고, 군용을 넉넉하게 하는 것 또한 수령의 직무다.　.

형전육조(刑典六條)

형벌의 여섯 가지 규정

청송(聽訟)

송사의 처리

聽訟之本 在於誠意 誠意之本 在於愼獨

청송지본 재어성의 성의지본 재어신독

* 청송의 근본은 성의에 있고, 성의의 근본은 신독(혼자 있을 때 행동을 삼가함)에 있다.

聽訟如流 由天才也 其道危 聽訟必核盡人心也 其法實 故
浴詞訟簡者 其斷必遲 爲一斷而不復起也 若夫處心 惟公
而已 公生明

청송여류 유천재야 기도위 청송필핵진인심야 기법실 고 욕사송간사 기단필지 위일단이불복기야 약부처심 유공이이 공생명

* 송사의 처리를 물 흐르듯 쉽게 하는 것은 타고난 재능이 있어야 하지만 그 길(방법)은 위태롭다. 송사 처리는 반드시 사람의 마음을 속속들이 파헤쳐야 법이 사실에 맞게 된다. 그 까닭으로 소송이 간소해지기를 바라지만 그 판단(재판)은 틀림없이 더디게 마련이다. 그것은 한 번 판결로 다시 송사가 일어나지 않게 하기 위함이다. 송사를 처리하는 마음가짐은 오직 공정일 뿐이니, 공정해야 밝은 판단을 만들어낸다.

壅蔽不達 民情以鬱 使赴塑之民 如入父母之家 斯良牧也

옹폐부달 민정이울 사부소지민 여입부모지가 사량목야

* 막히고 가려 통하지 못하면 민정이 답답하다. 달려와 호소하는 백성으로 하여금 부모의 집에 들어오는 것처럼 하게 한다면 이는 어진 목민관이다.

鬪歐之訟 急疾奔告者 不可傾信 本村保囚 徐待旬日

투구지송 급질분고자 불가경신 본촌보수 서대순일

* 싸워 구타당했다고 급히 달려와 고소하는 것을 그대로 믿지 말고 본촌에 가두어 두고 천천히 한 열흘쯤 기다려 보아야 한다.

片言折獄 剖決如神者 別有天才 非凡人之所宜傚也

편언절옥 부결여신자 별유천재 비범인지소의효야

* 한 마디 말로 옥사를 처결하기를 귀신처럼 하는 자는 따로 타고난 천재다. 그러니 보통 사람은 흉내낼 것이 못 된다.

人倫之訟 係關天常者 辨之宜明 骨肉相爭 係關風化者 懲之宜嚴

인륜지송 계관천상자 변지의명 골육상쟁 계관풍화자 징지의엄

* 인륜 송사는 하늘 도리(천상)에 관계되니 마땅히 잘(밝게) 가려내야 한다. 골육상쟁으로 풍속과 교화에 관계되는 것은 마땅히 엄중히 징계해야 한다.

詞證俱絶 券契無憑者 察其情僞 物無遁矣 正其風化 發其

隱慝 咸由至誠 虛明照物 不可以言傳也

사증구절 권계무빙자 찰기정위 물무둔의 정기풍화 발기은특 함유지성 허명조물 불가이언전야

* 증거 문서나 계약서 같은 것이 전혀 없어 증명할 길이 없는 경우라도 그 정황에서 거짓을 찾아내면 사실이 숨겨질 수 없다. 풍화를 바로잡고 숨겨진 간사함을 적발하는 것은 모두 지극한 정성에서 나온다. 허명으로 사물을 비추는 것은 말로 설명할 수 없다.

墓地之訟 今爲弊俗 鬪毆之殺 半由此起 發掘之變 自以爲 孝 聽斷不可以不明也

묘지지송 금위폐속 투구지살 반유차기 발굴지변 자이위효 청단불가이불명야

* 묘지 송사는 지금의 폐단 풍속이 됐다. 싸우고 때려서 죽이는 사건의 절반은 여기에서 일어나고, 남의 묘지를 파버리는 변고를 스스로 효라고 생각하니, 송사의 판결을 밝게 하지 않을 수 없다.

國典所載 亦無一截之法 可左可右 惟官所欲 民志不定 爭 訟以繁

국전소재 역무일절지법 가좌가우 유관소욕 민지부정 쟁송이번

* 국법에 기재돼 있는 일정한 법이 없고 이렇게도 저렇게도 할 수 있으니 오직 관의 마음대로다. 그리하여 백성의 마음이 불안하고 쟁송이 번거롭다.

耽惑旣深 攘奪相續 聽理之難 倍於他訟

탐혹기심 양탈상속 청리지난 배어타송

* 탐욕과 의혹이 심해 도둑질과 약탈이 서로 잇달으니 그 소송을 처리하기가 다른 소송보다 갑절이나 어렵다.

債貸(徵債)之訟 宜有權衡 或尙猛以督債 或施慈以已債 不可膠也

채대(징채)지송 의유권형 혹상맹이독채 혹시자이이채 불가교야

* 채권 소송은 마땅히 권형(일을 알맞게 조정)을 맞춰야 하니, 혹 엄중히 독촉해서 받아 주기도 하고 혹은 은혜를 베풀어 빚을 탕감해 주기도 하여, 일정(고지식)하게 법만을 지킬 것이 아니다.

단옥(斷獄)

죄질과 형량 판단

斷獄之要 明愼而已 人之死生 係我一察 可不明乎 人之死
生 係我一念 可不愼乎

단옥지요 명신이이 인지사생 계아일찰 가불명호 인지사생 계
아일념 가불신호

* 단옥(중요 범죄 사실 판결)의 요점은 밝고 신중해야 한다. 사람이
죽고 사는 것이 내가 한 번 살피는 데 달렸으니 어찌 밝지 않을 수 있
을 것인가? 사람이 죽고 사는 것이 내 한 생각에 달렸으니 어찌 신중
하지 않겠는가?

或吏尙刑 其在史傳者 多身疲極刑 或子孫不昌

혹리상형 기재사전자 다신피극형 혹자손불창

* 형벌 주기 좋아하는 혹독한 관리가 역사와 전기에 있는 것을 보니
자신이 극형을 받는 경우가 많았고, 혹은 자손도 창성하지 못했다.

偶有大獄 己力所及 陰爲救援 種德邀福 未有大於是者也

우유대옥 기력소급 음위구원 종덕요복 미유대어시자야

* 큰 옥사를 맞아 자기의 힘이 미치는 데까지 남몰래 구해 준다면 덕
을 심고 복받는 일로 이보다 더 큰 것이 없다.

獄之所起 吏校橫恣 打家劫舍 其村遂亡 首宜慮者此也 上
官之初 宜有約束

옥지소기 이교횡자 타가겁사 기촌수망 수의려자차야 상관지
초 의유약속

* 옥사가 일어나면 이교가 횡포를 부려 집을 파괴하고 겁탈하여 그 마
을이 망하게 된다. 먼저 마음에 새겨야 할 것은 부임 초부터 마땅히
이런 일은 하지 않겠다는 마음 다짐이 필요하다.

獄體至重 檢場取招 本無用刑之法 今之官長 不達法例 雜
施刑杖 大非也

옥체지중 검장취초 본무용형지법 금지관장 부달법례 잡시형
장 대비야

* 옥사의 체제는 지극히 중대하다. 현장검증에서 취조하는 데는 원래
형구를 쓰는 법이 없는데, 요즘 관장은 법례에 통달하지 못해 형장을
함부로 사용하니 이는 크게 잘못된 일이다.

檢招彌日 錄之以同一 此宜改之法也

검초미일 녹지이동일 차의개지법야

* 검장(검찰)의 취조가 여러 날 걸린 것을 같은 날에 한 것처럼 기록
하는데 이는 마땅히 고칠 법이다.

誣告起獄者 嚴治勿赦 照反坐之律 以收罰金 或遂行遣

무고기옥자 엄치물사 조반좌지율 이수벌금 혹수행견

* 남을 무고하여 옥사를 일으킨 자는 엄하게 취조하고 놓아 주지(사면) 말아야 한다. 반좌의 율(무고죄)에 비추어 벌금을 물리거나 혹은 유형에 처한다.

御印官印 僞造僞榻者 察其情犯 斷其輕重

어인관인 위조위탑자 찰기정범 단기경중

* 어인, 관인을 위조하거나 속여 찍은 자는 그 정상과 범행 정도를 살펴서 처벌의 경중을 정해야 한다.

신형(愼刑)

형벌은 신중해야 한다

牧之用刑 宜分三等 民事用上刑 公事用中刑 官事用下刑
私事無刑焉 可也

목지용형 의분삼등 민사용상형 공사용중형 관사용하형 사사
무형언 가야

* 목민관이 형벌을 적용하는 데는 마땅히 3등으로 나누어야 한다. 민
사(부역, 송사 등)에는 상등(上等, 태 30대)의 형벌을 주고, 공사(조
운, 납세 등)에는 중등(中等, 태 20대)의 형벌을 주고, 관사(제사, 빈
객 등)에는 하등(下等, 태 10대)의 형벌을 주고, 사사(私事)로운 일
에는 형벌을 주지 않는다.

執杖之卒 不可當場怒叱 平時約束申嚴 事過懲治必信 則
不動聲色 而杖之寬猛唯意也

집장지졸 불가당장노질 평시약속신엄 사과징치필신 즉부동성
색 이장지관맹유의야

* 곤장 치는(집장한) 군졸을 그 자리에서 꾸짖어서는 안 된다. 평소에
약속을 엄하게 하고 일이 끝난 후에 그 죄과를 징계하여 다스리는 것
을 반드시 실행하면 성내 소리를 지르거나 얼굴빛이 변하지 않아도,
장형(杖刑, 매질하는 형벌)의 너그럽고 사나움이 뜻대로 될 것이다.

守令所用之刑 不過笞五十自斷 自此以往 改濫刑也

수령소용지형 불과태오십자단 자차이왕 개람형야

* 수령이 집행할 수 있는 형벌은 태 오십 대 이내를 자신의 재량으로 결정하는 데 지나지 않는다. 이를 초과한 것은 모두 남형(과잉 형벌)이라 할 수 있다.

刑罰之於以正民 末也 律己奉法 臨之以莊 則民不犯 刑罰
雖廢之 可也

형벌지어이정민 말야 율기봉법 임지이장 즉민불범 형벌수폐
지 가야

* 형벌로 백성을 바르게 하는 것은 최하의 수단이다. 몸소(목민관) 법을 받들고 신중하게 처신하면 백성은 법을 범하지 않을 것이니 형벌은 폐지해도 무방할 것이다.

古之仁牧 必緩刑罰 載之史冊 芳徽馥然

고지인목 필완형벌 재지사책 방휘복연

* 옛날 어진 목민관은 형벌을 너그럽게 하여 역사책에 실려 있으니 그 이름이 아름답지 않은가.

婦女非有大罪 不宜決罰 訊杖不可 笞臀尤藝

부녀비유대죄 불의결벌 신장불가 태둔우설

* 부녀자는 큰 죄가 아니면 매질하는 형벌을 가하지 않는다. 신장도 사용할 수 없으며 태둔(볼기치기)은 더욱 안 된다.

老幼之不拷訊 載於律文

노유지불고신 재어율문

* 늙은이와 어린이는 고문하지 못하게 법률 조문에 실려 있다.

휼수(恤囚)

수감 중인 죄수를 가엾게 여기다

獄者 陽界之鬼府也 獄囚之苦 仁人之所宜察也

옥자 양계지귀부야 옥수지고 인인지소의찰야

* 감옥은 이 세상(陽界)의 지옥이다. 죄수의 고통을 어진 목민관은 마
땅히 살펴야 한다.

枷之施項 出於後世 非先王之法也

가지시항 출어후세 비선왕지법야

* 나무칼을 목에 채우는 것(가지시항)은 후세에 생긴 일이고 선왕의
법이 아니다.

獄中討索 覆盆之寃也 能察此寃 可謂明矣

옥중토색 복분지원야 능찰차원 가위명의

* 옥중에서 토색당하는 것은 남모를 원통한 일이다. 수령이 원통한 일
을 잘 살피면 현명한 사람이라 할 수 있다.

疾痛之苦 雖安居燕寢 猶云不堪 況於犴狴之中乎

질통지고 수안거연침 유운불감 황어안폐지중호

* 질병의 고통은 비록 좋은 집(연침)에서도 견디기 어려운데 하물며
옥중에서야 어떠하겠는가?

獄者 無隣之家也 囚者 不行之人也 一有凍餒 有死而已

옥자 무린지가야 수자 불행지인야 일유동뇌 유사이이

* 감옥은 이웃 없는 집이고 죄수는 걷지 못하는 사람이다. 한 번 추위에 떨고 굶주리면 죽음이 있을 뿐이다.

獄囚之待出 如長夜之待晨 五苦之中 留滯其最也

옥수지대출 여장야지대신 오고지중 유체기최야

* 죄수가 출옥을 기다리는 것은 긴 밤에 새벽을 기다리는 것과 같다. 죄수의 다섯 고통 중에서도 지체하는 것이 가장 큰 고통이다.

墻壁疎豁 重囚以逸 上司督過 亦奉公者之憂也

장벽소활 중수이일 상사독과 역봉공자지우야

* 옥의 담장을 허술하게 하여 중죄인을 탈주하게 하면 상사로부터 질책을 당하니 이것 또한 공직자로 생각해 볼 일이다.

歲時佳節 許其還家 恩信旣孚 其無逃矣

세시가절 허기환가 은신기부 기무도의

* 설이나 명절에 죄수가 집에 돌아가는 것을 허락하여 은혜와 신의로서로 믿는다면 도망자는 없을 것이다.

久囚離家 生理遂絶者 體其情願 以施慈惠

구수리가 생리수절자 체기정원 이시자혜

* 집을 떠나 오래된 죄수로 자녀 생산이 끊기게 된 자에게는 그 정상

과 소원을 잘 살펴 자비와 은혜를 베풀어야 한다.

流配之人 離家遠適 其情悲惻 館穀安揷 牧之責也

유배지인 이가원적 기정비측 관곡안삽 목지책야

* 유배된 사람은 집 떠나 멀리 귀양살이 하는 것으로 그 정상이 슬프고 가엾다. 묵을 곳과 곡식을 주어 편안히 살게 하는 것도 목민관의 직책이다.

금포(禁暴)

횡포(세력가)와 난동을 막는다

禁暴止亂 所以安民 搏擊豪强 毋憚貴近 亦牧民之攸勉也

금포지란 소이안민 박격호강 무탄귀근 역목민지유면야

* 횡포를 금하고 난동을 중지시키는 것은 안민이고, 부강한 자를 박격 (치고)하고, 무탄귀근(귀족이나 임금의 측근을 두려워하지 않음) 또한 수령이 힘써야 할 일이다.

土豪武斷 小民之豺虎也 去害存羊 斯謂之牧

토호무단 소민지시호야 거해존양 사위지목

* 토호가 위세 부리는 것은 약한 백성에게는 늑대와 호랑이 같다. 해 독을 없애고 양을 살리는 것, 즉 약한 백성을 보호하는 것이야 말로 참된 목민관이라 하겠다.

惡少任俠 剽奪爲虐者 亟爲戢之 不戢 將爲亂矣 搏戲賭錢 者 亦須嚴禁

악소임협 표탈위학자 극위즙지 부즙 장위란의 박희도전자 역 수엄금

* 포악한 젊은이가 협기로 물건을 약탈하며 침탈하는 행위는 마땅히 금지시켜야 한다. 그렇지 않으면 장차 난동을 부릴 것이다. 돈을 걸고 도박하는 것도 역시 금해야 한다.

私屠牛馬者 街路酗酒者 並有法禁

사도우마자 가로후주자 병유법금

* 사사로이 소와 말을 도살하는 것과 시가지에서 술주정하는 것도 모두 법이 금하고 있다.

제해(除害)

백성의 피해를 막는다

爲民除害 牧所務也 一曰盜賊 二曰 鬼魅 三曰虎狼 三者息
而民患除矣

위민제해 목소무야 일왈도적 이왈 귀매 삼왈호랑 삼자식이민
환제의

* 백성을 위해 피해를 제거하는 것, 즉 백성을 안심시키는 것은 목민
관이 힘쓸 일이다. 첫째는 도적 잡는 일이고, 둘째는 잡귀 쫓는 일이
고, 셋째는 호랑이 잡는 일이다. 이 세 가지가 없어져야만 백성의 근
심이 없어진다.

盜所以作 厥有三繇 上不端表 中不奉令 下不畏法 雖欲無
盜 不可得也

도소이작 궐유삼요 상부단표 중불봉령 하불외법 수욕무도 불
가득야

* 도적이 일어나는 데는 3가지 요소가 있다. 윗사람의 행실이 단정하
지 않고, 중간에서 명령을 잘 받들지 않고, 아랫사람이 법을 두려워하
지 않는 것이다. 그러므로 비록 도적을 없애려 하여도 되지 않는 것이
다.

朱墨之識 表其衣祛 自古有說 頗可試也

주묵지지 표기의거 자고유설 파가시야

* 밤도둑에게 인주나 먹으로 옷에 표하는 것은 옛날부터 있는 말이다.
한번 시험해 볼 만하다.

運智設機 發其幽隱 在乎覃思以求獲 靡不得矣

　　운지설기 발기유은 재호담사이구획 미부득의

* 기지를 발휘(지혜를 움직이고 기틀을 만들어서)하여 엄밀한(아득하
게 숨은 도둑) 것을 색출하는(찾아내는) 일은 잡을 것을 깊이 생각하
는 데 있다. 이렇게 하면 잡지 못할 도둑이 없다.

德化攸感 物無不格 此萃六爻之所以皆無咎也

　　덕화유감 물무불격 차췌육효지소이개무구야

* 덕으로 감동시키면 감복하지 않는 사람이 없다. 이것이 육효가 "허
물이 없다."고 말한 까닭이다.

凶年子弟多暴 草竊小盜 不足以大懲也

　　흉년자제다포 초절소도 부족이대징야

* 흉년이 들면 젊은이들의 횡포가 심하니 별것 아닌 도둑은 크게 징계
하지 말아야 한다.

誣引富民 枉施虐刑 爲盜賊報仇 爲吏校征貨 是之謂昏牧
也

　　무인부민 왕시학형 위도적보구 위리교정화 시지위혼목야

* 부자를 끌어다가 혹독한 형벌을 가하는 것은 도둑의 원수를 갚는 것처럼 되고, 아전과 교졸에 돈벌이 해주는 것이니, 이를 어리석은 목민관이라 한다.

鬼魅作變 巫導之也 誅其巫 毁其祠 妖無所憑也

귀매작변 무도지야 기기무 훼기사 요무소빙야

* 귀신이 변고를 일으키는 것은 무당의 짓이다. 무당을 벌하고 당집을 헐면 요사한 귀신이 의지할 곳이 없어진다.

虎豹噉人 數害牛豕 設機弩穽穫 以絶其患

호표담인 삭해우시 설기노정확 이절기환

* 호랑이나 표범이 사람을 물고, 소 돼지를 해칠 때는 틀과 노도 덫과 함정을 설치해 호환(虎患) 등을 미리 없애야 한다.

공조육조(工曹六條)

치산치수와 성지 도로 관아 공작소

산림(山林)

산림 조림 정책

山林者 邦賦之所出 山林之政 聖王重焉

산림자 방부지소출 산림지정 성왕중언

* 산림이란 나라의 부세(賦稅)가 나오는 곳으로 성군은 산림 행정을
중히 했다.

封山養松 其有癘禁 宜謹守之 其有奸幣 宜細察之

봉산양송 기유려금 의근수지 기유간폐 의세찰지

* 봉산에 소나무를 기르는 데는 엄한 법령이 있으니 목민관은 마땅히
삼가 지켜야 한다. 아전들의 농간 폐단이 있는지 세밀히 살펴야 한다.

栽植之政 亦德法而已 量可久任 宜遵法典 知其速遞 無自
勞矣

재식지정 역덕법이이 양가구임 의준법전 지기속체 무자로의

* 나무 심는 행정은 좋은 법이니 스스로 헤아려 오래 유임할 수 있다
면 마땅히 법전에 따라 할 일이지만, 빨리 바뀔 것을 알고는 스스로
노력하지 않는 것은 없어야 한다.

西北蔘貂之稅 宜從寬假 其或犯禁 宜從闊略 斯可曰淸吏

也

서북삼초지세 의종관가 기혹범금 의종활략 사가왈청리야

* 서북도의 인삼과 초피의 세금은 마땅히 너그럽게 해야 한다. 혹 법을 어기더라도 너그럽게 해야 청백한 관리라 할 수 있다.

金銀銅鐵 舊有店者 察其奸惡 新爲礦者 禁其鼓冶

금은동철 구유점자 찰기간악 신위광자 금기고야

* 금은동철이 예부터 나는 광산은 그곳에 간사한 무리가 있는지를 살피고, 새로 채광하려는 자는 고야(광석을 녹여 제련하는 것)를 금해야 한다.

천택(川澤)

수리(水利) 치수(治水) 정책

川澤者 農利之所本 川澤之政 聖王重焉

천택자 농리지소본 천택지정 성왕중언

* 천택(개천과 못)은 농업의 근본이다. 옛날 성군은 천택 행정을 소중히 여겼다.

川流逕縣 鑿渠引水 以漑以灌 與作公田 以補民役 政之善也

천류경현 착거인수 이개이관 여작공전 이보민역 정지선야

* 냇물이 고을을 지나면 도랑을 파서 그 물을 끌어다가 논에 댄다. 공전을 경작게 하여, 민역에 보충하는 것도 선정이다.

歷觀前史 良牧之蹟 都在此事

역관전사 양목지적 도재차사

* 역사를 살펴보니 좋은 목민관의 치적이 거기에 모두 있다.

若夫不度 妄鑿渠路 其事不集 反或貽笑

약부불탁 망착거로 기사부집 반혹이소

* 만약 지세를 살피지 않고 함부로 수로를 구축하여 물이 모이지 않으

면 도리어 웃음거리가 된다.

小曰池沼 大曰湖澤 其障曰波 亦謂之堤 所以節水 此澤上
有水之所以爲節也

소왈지소 대왈호택 기장왈파 역위지제 소이절수 차택상유수
지소이위절야

* 작은 것은 지소라 하고, 큰 것은 호택이라 한다. 그 막는 것을 방축
또는 제방이라 하는데 이는 물을 아끼기 위함이다. 이것은 못에 물이
있는 괘상으로 주역에서는 절(節)이라고 한다.

若瀕海捍潮 內作膏田 是名海堰

약빈해한조 내작고전 시명해언

* 만약 바닷가에 방파제를 쌓는다면 그 안에 기름진 땅을 만들 수 있
다. 이를 바다의 둑이라 이른다.

土豪貴族 僵其水利 專漑其田者 嚴禁

토호귀족 천기수리 전개기전자 엄금

* 토호와 귀족이 수리를 독점하여 오직 자기네의 논에만 물 대는 것을
엄금해야 한다.

江河之濱 連年衝決 爲民巨患者 作爲堤防 以安厥居

강하지빈 연년충결 위민거환자 작위제방 이안궐거

* 강 언덕이 해마다 무너져(衝決) 백성의 근심이 되는 곳은 제방을 만

들어 백성을 안심시켜야 한다.

商旅所行 船泊所聚 凡可以修築者 修築之

상려소행 선박소취 범가이수축자 수축지

* 상인과 나그네가 다니는 곳이나 뱃길 모이는 곳에 고칠 것은 고쳐
두어야 한다.

池澤所産 魚鱉蓮芡菱蒲之屬 爲之厲守 以補民役 不可自
取以養己

지택소산 어별연검릉포지속 위지려수 이보민역 불가자취이양
기

* 연못에서 생산되는 물고기·자라·연·마름·부들 등을 엄중히 지
켜서 민역에 보충해야 하며, 목민관 자신이 가져가 자신을 살찌게 해
서는 안 된다.

선해(繕廨)

관아 건물의 수리

廨宇穨圮 上雨旁風 莫之修繕 任其崩毁 亦民牧之大咎也

해우퇴비 상우방풍 막지수선 임기붕훼 역민목지대구야

* 관아 청사가 기울거나 무너져 비가 새고 바람이 들어오는데도 수선
하지 않고 붕괴하도록 내버려 두는 것은 목민관의 큰 잘못이다.

律有擅起之條 邦有私建之禁 而先輩於此 自若修擧

율유천기지조 방유사건지금 이선배어차 자약수거

* 법(대명률)에 함부로 공사를 일으키는 것을 금하는 조문이 있다. 나
라에는 사사로이 건축하는 것을 금하는 규정이 있으나 전임자들은 이
에 구애하지 않고 수선 또는 공사를 했다.

縷亭閑燕之觀 亦城邑之所不能無者

누정한연지관 역성읍지소불능무자

* 한가로이 운치 있게 바라볼 수 있는 누대와 정자는 한 고을에 없을
수 없는 편의시설이다.

吏校奴隷之屬 宜令赴役 募僧助事 是亦一道

이교노예지속 의령부역 모승조사 시역일도

* 아전과 노비는 마땅히 부역에 나와야 하며, 중을 모아 일을 돕게 하

는 것도 역시 한 가지 방책이다.

鳩材募工 總有商量 弊竇 不可不先塞 勞費不可不思省

구재모공 총유상량 폐두 불가불선색 노비불가불사성

* 재목을 모으고 기술자를 모집할 때는 총량을 자세히 해서 폐단의 구멍부터 막지 않을 수 없다. 노동과 비용을 생각하지 않을 수 없다.

수성(修城)

축성과 수리

修城浚濠 固國保民 亦守土者之職分也

수성준호 고국보민 역수토자지직분야

* 성을 수축하고 호를 파서 나라를 지키고 백성을 보호하는 것은 또한 영토를 지키는 자(목민관)의 직분이다.

兵興敵至 臨急築城者 宜度其地勢 順其民情

병흥적지 임급축성자 의탁기지세 순기민정

* 전쟁이 일어나 적이 몰려오는 급박한 상황에 성을 쌓는 자는 마땅히 지세부터 살피고, 민정을 살펴야(순응해야) 한다.

城而不時 則如勿城 必以農隙 古之道也

성이불시 즉여물성 필이농극 고지도야

* 성은 때가 아니면 쌓지 않는 것만 못하다. 반드시 농한기를 이용하는 것이 옛 법이다.

古之所謂築城者 土城也 臨難禦寇 莫如土城

고지소위축성자 토성야 임난어구 막여토성

* 소위 옛날의 축성은 토성이었다. 변을 맞아 적을 방어하는 데는 토성만 같지 못하다.

堡垣之制 宜遵尹耕堡約 其雉堞敵臺之制 宜益潤色

보원지제 의준윤경보약 기치첩적대지제 의익윤색

* 보원의 제도는 마땅히 윤경의 보약을 따라야 하고 그 치첩과 적대의
제도는 마땅히 윤색을 더해야 한다.

其在平時 修其城垣 以爲行旅之觀者 宜因其舊 補之以石

기재평시 수기성원 이위행려지관자 의인기구 보지이석

* 평시에 성원(성벽)을 수리하여 나그네 관광지로 하려면 마땅히 옛
것에 따라서 돌로 보수해야 한다.

도로(道路)

도로 행정

修治道路 使行旅願出於其路 亦良牧之政也

수치도로 사행려원출어기로 역량목지정야

* 도로를 닦고 수리하여 나그네로 하여금 즐겁게 그 길로 다니도록 만드는 것 역시 어진 목민관이 챙겨야 할 정사다.

橋梁者 濟人之具也 天氣旣寒 宜卽成之

교량자 제인지구야 천기기한 의즉성지

* 교량은 사람을 건너게 하는 시설이다. 날씨가 춥기 전에 마땅히 놓아야 한다.

津不厥舟 亭不缺堠 亦商旅之所樂也

진불궐주 정불결후 역상려지소락야

* 나루에 배가 있고 역정에 후(이정표)가 있으면 역시 나그네들이 즐거워할 것이다.

店不轉任 嶺不擡轎 民可以息肩矣 店不匿奸 院不恣淫 民可以淑心矣

점부전임 영부대교 민가이식견의 점불익간 원불자음 민가이

숙심의

* 객점에서 짐을 져 나르지 않고, 고개에서 가마를 메지 않게 하면 백성들의 어깨를 쉴 수 있게 할 것이다. 객점에서 간사한 자를 숨기지 않고 참원에서 음탕한 짓을 못하게 하면 백성들의 마음이 맑아질 것이다.

路不鋪黃 畔不植炬 斯可曰知禮矣

노불포황 반불식거 사가왈지례의

* 길에 황토를 깔지 않고 길가에 횃불을 세우지 않는다면 가히 예를 안다 할 수 있다.

장작(匠作)

도구 용기 제작소

工作繁興 技巧咸萃 貪之著也 雖百工具備而絶無製造者
淸士之府也

공작번흥 기교함췌 탐지저야 수백공구비이절무제조자 청사지
부야

* 공사(공작)를 자주 일으키고, 기교 있는 장인을 모으는 것은 탐욕의
증좌다. 비록 온갖 기술자가 다 갖추어져 있어도 결코 사사로이 제조
하는 것이 없어야 청렴한 선비의 관청이라 할 수 있다.

設有製造 毋令貪陋之腸 達於器皿

설유제조 무령탐루지장 달어기명

* 설혹 기물을 제조하는 일이 있어도 탐욕과 비루한 마음이 기명에 미
치지 말도록 해야 한다.

凡器用製造者 宜有印帖

범기용제조자 의유인첩

* 모든 기물을 제조하는 데는 마땅히 인첩(증명서)이 있어야 한다.

作爲農器 以勸民耕 作爲織器 以勸女功 牧之職也

작위농기 이권민경 작위직기 이권녀공 목지직자

* 농사 기구를 만들어 백성에게 경작을 권하고, 베틀 기구를 만들어
여인에게 길쌈을 권장하는 것은 목민관의 직책이다.

作爲田車 以勸農務 作爲兵船 以設戎備 牧之職也

작위전거 이권농무 작위병선 이설융비 목지직야

* 전거를 만들어 농사를 권하고, 병선을 만들어 전쟁에 대비하는 것은
목민관의 직책이다.

講燒甓之法 因亦陶瓦 作邑城之內 悉爲瓦屋 亦善政也

강소벽지법 인역도와 작읍성지내 실위와옥 역선정야

* 벽돌 굽는 법을 가르치고, 또한 기와를 구워서 고을 안을 모두 기와
집으로 만드는 것 또한 선정이다.

量衡之家異戶殊 雖莫之救 諸倉諸市 宜令劃一

양형지가이호수 수막지구 제창제시 의령획일

* 되와 저울이 집집마다 다른 것은 어쩔 수 없으나 창고와 시장의 것
은 모두 같게 해야 한다.

진황육조(賑荒六條)

구제(진황)할 때 여섯 가지 유의 사항

비자(備資)

물자 관리

荒政 先王之所盡心 牧民之材 於斯可見 荒政善而牧民之
能事畢矣

황정 선왕지소진심 목민지재 어사가견 황정선이목민지능사필
의

* 황정(기근 구제 정치)은 선왕이 마음을 기울이던 바이니 목민관의
재능을 이것으로 시험할 수 있다. 황정을 잘 하면 목민관이 할 일을
다 했다 할 수 있다.

救荒之政 莫如乎預備 其不預備者 皆苟焉而已

구황지정 막여호예비 기불예비자 개구언이이

* 구황하는 일(정치)은 미리 준비해 두는 것이 좋다. 미리 준비해 두
지 않으면 모두 구차하게 된다.

穀簿之中 別有賑穀 本縣所儲 有無虛實 亟爲查檢

곡부지중 별유진곡 본현소저 유무허실 극위사검

* 양곡장부에는 따로 진곡(백성 구제 곡식)이 있으니 본현(자기 고을)
에서 저축한 진곡의 유무와 허실을 잘 조사해야 한다.

不俟詔令 便宜發倉 古之義也 使臣之行也 今之縣令 則何

敢焉

불사조령 편의발창 고지의야 사신지행야 금지현령 즉하감언

* 조정의 영을 기다리지 않고 편의로 곡식창고를 여는 것은 옛날의 의(義)이며 사신만이 행하던 바다. 어찌 오늘날의 현령이 할 수 있으랴.

歲事旣判 亟赴監營 以議移粟 以議蠲租

세사기판 극부감영 이의이속 이의촉조

* 그 해 농사가 이미 흉년으로 판단되면, 급히 감영에 달려가 양곡을 옮기는 일과 조세 감면하는 일을 의논해야 한다.

歲事旣判 宜飭水田代爲旱田 早播他穀 及秋申勸種麥

세사기판 의칙수전대위한전 조파타곡 급추신권종맥

* 그 해 농사가 이미 흉년으로 판단되면 마땅히 논을 밭 대신으로 일찍 다른 곡식을 심도록 시키고, 가을이 되면 보리 심기를 권장해야 한다.

隣境有粟 宜卽私糴 須有朝令 乃毋遏也

인경유속 의즉사적 수유조령 내무알야

* 이웃 고을에 양곡이 있으면 마땅히 사들여야 하고, 비록 조정에서 금하여도(조정의 영이 있더라도) 막지 말아야 한다.

其在江海之口者 須察邸店 禁其橫暴 使商船湊集

기재강해지구자 수찰저점 금기횡포 사상선주집

* 강과 바다의 어귀에서는 반드시 저점을 살피고, 그들의 횡포를 금하
여 상선(장삿배)이 모여들게 해야 한다.

권분(勸分)

나누고 베풀기 권장

中國勸分之法 皆是勸糶 不是勸饑 皆是勸施 不是勸納 皆
是身先 不是口說 皆是賞勸 不是威脅 今之勸分者 非禮之
極也

중국권분지법 개시권적 불시권기 개시권시 불시권납 개시신
선 불시구설 개시상권 불시위협 금지권분자 비례지극야

* 중국의 권분법은 곡식 팔기를 권하는 것이지 굶주린 백성을 먹여살
리는 것을 권하는 것이 아니다. 은혜 베풀기를 권한 것이지 관에 바치
는 것을 권한 것이 아니다. 자신이 먼저 실행하는 것이지 입으로 하는
것은 아니다. 상 주어 권하는 것이지 위협하는 것이 아니다. 그런데
지금의 권분이란 비례(非禮)의 극치라 할 수 있다.

仁人之爲賑也 哀之而以 自他流者受之 自我流者留之 無
此疆爾界也

인인지위진야 애지이이 자타류자수지 자아류자류지 무차강이
계야

* 어진 사람이 이재민을 구제하는 것은 그들을 가엾게 여기기 때문이
다. 다른 곳(타처)에서 들어오는 자는 받아들이고, 고을로부터 떠나는
자를 머물게 하여, 거주지를 차별하지 말아야 한다.

今之流民 往無所歸 惟宜惻怛勸喩 俾勿輕動

금지류민 왕무소귀 유의측달권유 비물경동

* 오늘날의 유리자(떠돌이)는 돌아가 머물 곳이 없다. 마땅히 불쌍하게 여기고 권유하여 경솔하게 떠다니는 일이 없도록 해야 한다.

규모(規模)

구제 규모의 확정

賑有二觀 一曰及期 二曰有模 救焚拯溺 其可以玩機乎 馭
衆平物 其可以無模乎

진유이관 일왈급기 이왈유모 구분증닉 기가이완기호 어중평
물 기가이무모호

* 진휼(흉년 구제)에는 두 가지 지켜야 할 일이 있다. 그 하나는 시기
를 맞추는 일이요, 둘째는 규모가 있어야 한다. 불에 타는 사람을 구
하고, 물에 빠진 사람을 건지는 데 어찌 시기를 늦출 수 있는가. 여러
사람을 다스리고 물건을 고르는 데 어찌 규모가 없겠는가?

若夫賑糴之法 國典所無 縣令有私糴之米 亦可行也

약부진적지법 국전소무 현령유사적지미 역가행야

* 진척(구호양곡을 주는 것)에 관한 법은 국전에 없으니, 현령이 사사
로이 사들인 쌀로 진척을 행할지어다.

其設賑場 小縣宜止一二處 大州須至十餘處 乃古法也

기설진장 소현의지일이처 대주수지십여처 내고법야

* 진장의 설치는 마땅히 작은 고을은 한두 곳에 두고, 큰 고을은 십여
곳에 두는 것이 옛날의 법이다.

乃選饒戶 分爲三等 三等之內 又各細部

내선요호 분위삼등 삼등지내 우각세부

* 부유한 집을 가려서 세 등급으로 나누고, 세 등급 안에서 다시 세밀하게 나눈다.

乃選饑口 分爲三等 其上等 又分爲三級 中等下等 各爲一
級

내선기구 분위삼등 기상등 우분위삼급 중등하등 각위일급

* 굶주린 가구를 가려 세 등급으로 나누고, 상등급을 다시 세 등급으로 나누고, 중등·하등은 각기 한 등급으로 한다.

설시(設施)

구제소(진청) 설치와 시행

乃簸穀粟 以知實數 乃算饑口 以定實數 乃算鹽醬 乃閱海
菜

내파곡속 이지실수 내산기구 이정실수 내산염장 내열해채

* 양곡을 정선하여 실제 수량을 계산하고, 구제기구를 실산하여 소금
과 염장을 계산하고, 해채(미역, 김 등)도 검사(챙긴다)한다.

乃設賑廳 乃置監吏 乃具鏤釜 乃具鹽醬海帶

내설진청 내치감리 내구루부 내구염장해대

* 진휼청을 설치하여 감리를 두고 큰 솥, 가마, 소금, 염장, 미역을 준
비한다.

乃作賑牌 乃作賑印 乃作賑旗 乃作賑斗 乃作閻牌 乃修賑
曆

내작진패 내작진인 내작진기 내작진두 내작혼패 내수진력

* 진패를 만들고, 진인을 새기고, 진기를 만들고, 진두도 만든다. 혼패
를 만들고 진력도 마련한다.

小寒前十日 書賑濟條例及賑曆一部 頒于諸鄕

소한전십일 서진제 조례급진력일부 반우제향

* 소한 10일 전에 구제하는 조례와 진력 1부씩을 만들어 모든 향리에 고루 나누어 준다.

小寒之日 牧夙興詣牌殿瞻禮 仍詣賑場 饋粥頒餼

소한지일 목숙흥예패전첨례 잉예진장 궤죽반희

* 소한에는 수령이 숙흥(일찍 일어나)해 패전(국왕의 위패전각)에 나아가 첨례(대전을 향한 예배)하고, 진장에 나가 죽을 나누어 주고 희미도 나누어 준다.

立春之日 改曆修牌 大展其規 驚蟄之日 頒其貸 春分之日 頒其出糶 淸明之日 頒其貸

입춘지일 개력수패 대전기규 경칩지일 반기대 춘분지일 반기출조 청명지일 반기대

* 입춘에는 진력을 고치고, 진패를 정리하고, 그 규모를 크게 정비한다. 경칩에는 대여곡을 나누어 주고, 춘분에는 조미를 나누어 주고, 청명에는 종자를 나누어(대곡) 준다.

流乞者 天下之窮民而無告之者也 仁牧之所盡心 不可忽也

유걸자 천하지궁민이무고지자야 인목지소진심 불가홀야

* 유랑자는 하늘 아래 의지하고 하소연할 곳이 없는 사람이다. 어진 목민관은 구제에 성심을 다할 것이다. 소홀해서는 안 된다.

死亡之簿 平民饑民 各爲一部

사망지부 평민기민 각위일부

* 사망자의 명부는 평민과 기민(굶주린 백성)을 나누어 각각 한 부씩
만든다.

饑饉之年 必有癘疫 其救療之方 收瘞之方 益宜盡心

기근지년 필유려역 기구료지방 수예지방 익의진심

* 기근이 든 해는 반드시 전염병이 퍼지니, 그 구료하는 방법과 수예
(거두어 매장하는 것)에 마음을 다하는 것이 좋다.

嬰孩遺棄者 養之爲子女 童穉流離者 養之爲奴婢 並宜申
明國法 曉諭上戶

영해유기자 양지위자녀 동치유리자 양지위노비 병의신명국법
효유상호

* 영아를 버리면 거두어 자녀로 삼고, 유랑하는 아이를 길러 노비로
삼도록 국법을 설명하고, 상호(여유 있는 집)에 타일러 기르게 해야
한다.

보력(補力)

부족한 양식(흉년)을 메우는 방안 강구

春日旣長 可興共役 公廨頹圮 須修營者 宜於此時補葺

춘일기장 가흥공역 공해퇴비 수수영자 의어차시보즙

* 봄날에 해가 길어지면 공역을 일으켜, 청사가 퇴락하면 마땅히 이때 보수하고 이엉을 덮어야 한다.

救荒之草 可補民食者 宜選佳品 令學宮諸儒 抄取數種 使 各傳聞

구황지초 가보민식자 의선가품 영학궁제유 초취수종 사각전 문

* 구황할 수 있는 풀로 백성의 식량에 보충할 수 있는 것은 마땅히 좋은 것을 골라 학궁(학교)의 여러 유생들로 하여금 몇 종류를 골라 각각 전해 알리도록 한다.

凶年除盜之政 在所致力 不可忽也 饑民放火者 宜亦嚴禁

흉년제도지정 재소치력 불가홀야 기민방화자 의역엄금

* 흉년에는 도둑 막는 정치에 힘써야 한다. 굶주린 백성이 방화하는 것을 단속해야 한다.

糜穀莫如酒醴 酒禁未可已也

미곡막여주례 주금미가이야

* 곡식을 소비하는 것 중에 술, 단술보다 더한 것이 없다. 특히 술을
금하지 않을 수 없다.

薄征己責 先王之法也 冬而收糧 春而收稅 乃民庫雜徭 邸
吏私債 悉從寬緩 不可催督

박정기책 선왕지법야 동이수량 춘이수세 내민고잡요 저리사
채 실종관완 불가최독

* 세금과 공과금을 가볍게 해주는 것이 선왕의 법도이다. 겨울에 받는
양곡과 봄에 거두는 세금과 민고의 잡역과 저리사채는 모두 너그럽게
늦추어 주고 독촉해서는 안 된다.

준사(竣事)

구제(진황)의 끝마무리

賑事將畢 點檢始終 所犯罪過 ——省察

진사장필 점검시종 소범죄과 일일성찰

* 진휼(구제)하는 일이 끝나려 할 때 처음부터 끝까지 점검하고, 저지른 잘못(죄과)을 낱낱이 살펴야 한다.

芒種之日 旣罷賑場 乃設罷賑之宴 不用妓樂

망종지일 기파진장 내설파진지연 불용기악

* 망종에 진장을 파하고, 파진에 연회를 열 때 기악은 쓰지 말아야 한다.

大饑之餘 民之綿綴 如大病之餘 元氣未復 撫綏安集 不可忽也

대기지여 민지면철 여대병지여 원기미복 무수안집 불가홀야

* 크게 기근이 든 뒤에는 백성의 피해가 큰 병을 치른 뒤 원기를 회복하지 못한 것과 같으니, 위무 안정시키는 것을 소홀히 해서는 안 된다.

해관육조(解官六條)

퇴임할 때 여섯 가지 유의 사항

체대(遞代)

수령의 교체(퇴임)

官必有遞 遞而不驚 失而不戀 民斯敬之矣

관필유체 체이불경 실이불련 민사경지의

* 벼슬은 반드시 체임(전임)되는 것이니, 체임되어도 놀라지 말고 잃어도 연연하지 않아야 백성이 공경한다.

棄官如蹝 古之義也 旣遞而悲 不亦羞乎

기관여사 고지의야 기체이비 불역수호

* 벼슬을 헌신짝같이(여사) 버리는 것이 예전의 도리다. 해직되어 슬퍼하면 또한 부끄러운 일이 아닐까?

治簿有素 明日遂行 淸士之風也 勘簿廉明 俾無後患 智士之行也

치부유소 명일수행 청사지풍야 감부염명 비무후환 지사지행야

* 평소 문서를 잘 정리해 두었다가 그 이튿날 홀연히 떠날 수 있도록 준비하는 것이 청빈한 선비의 풍도다. 장부를 청렴하고 명백하게 마감해 후환이 없게 하는 것이 지혜 있는 선비의 도리다.

父老相送 飮餞于郊 如嬰失母 情見于辭 亦人世至榮也

부로상송 음전우교 여영실모 정견우사 역인세지영야

* (관직을 떠나 돌아갈 때) 나이 많은 사람들(父老)이 교외까지 나와 술대접하고, 전송해 주고, 아이가 부모 잃은 것 같은 정이 나면 인간 세상에 미칠 곳 없는 영광이다.

歸路遘頑 受其叱罵 惡聲遠播 此人世之至辱

귀로구완 수기질매 악성원파 차인세지지욕

* 해관(해직)되어 돌아가는 길에 사나운(완악한) 무리를 만나 질책과 욕을 당하고, 나쁜 소문이 멀리 퍼지면 인간 세상에 더할 수 없는 치욕이다.

귀장(歸裝)

퇴임 때의 행장

清士歸裝 脫然瀟灑 弊車羸馬 其淸飇襲人

청사귀장 탈연소쇄 폐거리마 기청표습인

* 청렴 선비가 돌아가는(퇴임) 뒷모습(행장)은 가뿐하고 깨끗하다. 낡은 수레에 비루 먹은 말이지만 맑은 바람이 그 사람을 휘감는다.

笥籠無新造之器 無珠帛土産之物 淸士之裝也

사롱무신조지기 무주백토산지물 청사지장야

* 상자와 채롱에 새로 만든 그릇이 없고, 주옥 비단과 그 고을의 토산물이 없으면 청렴 선비의 행장이라 할 수 있다.

若夫投淵擲火 暴殄天物 以自鳴其廉潔者 斯又不合於天理也

약부투연척화 폭진천물 이자명기염결자 사우불합어천리야

* 못에 던져 버리고 불에 태우는 등 하늘이 낸 물건을 천대하고, 그 청렴만을 스스로 드러내고자 하는 자 또한 하늘의 이치에 맞지 않다.

歸而無物 淸素如昔 上也 設爲方便 以贍宗族 次也

귀이무물 청소여석 상야 설위방편 이섬종족 차야

* 집에 돌아온 후도 새 물건이 없고 청빈함이 옛날 같으면 상등이요,
방편을 써 종족(친족)을 넉넉하게 했다면 그 다음이다.

원류(願留)

유임을 호소하는 것

惜去之切 遮道願留 流輝史冊 以照後世 非聲貌之所能爲
也

석거지절 차도원류 유휘사책 이조후세 비성모지소능위야

* 떠나 헤어짐을 못내 아쉬워하고, 길 막고 더 머물기를 바라며, 그
빛을 역사책에 남김으로서 후세를 밝히는 것은 소리나 겉모양만으로
능히 되는 것은 아니다.

奔赴闕下 乞其借留 因而許之 以順民情 此古勸善之大柄
也

분부궐하 걸기차류 인이허지 이순민정 차고권선지대병야

* (백성이) 대궐 아래로 달려가 유임되기를 빌면 그 뜻을 존중하여 허
락함으로써 민정에 순응하는 것은, 예전에 착한 일을 권장(권선)하는
큰 권병(방편)이었다.

聲名所達 或隣郡乞借 或二邑相爭 此賢牧之光價也

성명소달 혹인군걸차 혹이읍상쟁 차현목지광가야

* 수령의 명성이 널리 퍼져 이웃 고을에서 임명해 주기를 바라며, 혹
두 고을이 서로 다투면 이는 어진 수령의 빛나는 값어치다.

或久任以相安 或旣老勉留 唯民是循 不爲法拘 治世之事
也

혹구임이상안 혹기로면류 유민시순 불위법구 치세지사야

* 혹은 오래 재임하여 서로 편안했거나, 혹은 이미 늙었는데도 애써
유임하게 하여 오직 백성의 소원(뜻)을 좇고 법에 구애하지 않는 것
또한 치세하는 일이다.

因民愛慕 以其聲績 得再莅斯邦 亦史冊之光也

인민애모 이기성적 득재이사방 역사책지광야

* 백성이 사랑하고 사모하여 그 명성과 공적으로 다시 그 고을에 재임
하는 것은 사책에 빛나는 일이 될 것이다.

其遭喪而歸者 猶有因民不舍 或起復而還任 或喪畢而復除

기조상이귀자 유유인민불사 혹기복이환임 혹상필이부제

* 친상을 당하여 떠난 자를 백성들이 집에 못 있게 하여 다시 임지로
돌아오게 하고 혹은 상을 마치고 다시 복직한 자도 있다.

陰與吏謀 誘動奸民 使之詣闕而乞留者 欺君芒上 闕罪甚
大

음여리모 유동간민 사지예궐이걸류자 기군망상 궐죄심대

* 아전과 더불어 간사한 백성을 유혹해 궐하에 나아가 유임을 빌게 하
는 자는 위로 임금을 속인 것이니, 그 죄가 막중하다.

걸유(乞宥)

백성이 수령이 지은 죄의 용서를 비는 것

文法所坐 黎民哀之 相率籲天 冀有其罪者 前古之善俗也

문법소좌 여민애지 상솔유천 기유기죄자 전고지선속야

* 법에 저촉된 자를 백성들이 불쌍히 여겨, 서로 이끌고 가서 임금께
호소하여 그 죄를 용서해 주길 바라는 것은 전래의 아름다운 풍속이
다.

은졸(隱卒)

백성이 수령의 사망을 측은하게 생각하는 것

在官身沒 以淸芬益烈 吏民哀悼 攀輀號咷 旣久而不能忘
者 賢牧之有終也

재관신몰 이청분익렬 이민애도 반이호도 기구이불능망자 현
목지유종야

* 임소에서 몸이 죽어 맑은 향기 강렬하고, 아전과 백성이 슬퍼하고,
상여를 잡고 호곡하며 오래 잊지 못하는 것은 어진 목민관의 유종의
미라 할 수 있다.

寢疾旣病 宜卽遷居 不可考終于政堂 以爲人厭惡

침질기병 의즉천거 불가고종우정당 이위인염오

* 이미 병으로 누워 있으면 마땅히 곧 거처를 옮겨야 하며, 정당에서
운명하여 다른 사람이 싫어하게 해서는 안 된다.

喪需之米 旣有公賜 民賻之錢 何必再受 遺令可矣

상수지미 기유공사 민부지전 하필재수 유령가의

* 상사에 소용되는 쌀은 이미 나라에서 주는 것이 있으니, 백성의 부
의금을 달리 받아 무엇하랴? 유언으로 남기는(유령) 것이 옳은 일이
다.

유애(遺愛)

백성의 존경 속에 수령이 죽거나 떠나는 것

既沒而死 廟而祠之 則其遺愛 可知矣

기몰이사 묘이사지 즉기유애 가지의

* 죽은 뒤에 사당을 짓고 제사를 지내 주면 그가 남긴 사랑을 가히 알
수 있다.

生而祀之 非禮也 愚民爲之 相沿而爲俗也

생이사지 비례야 우민위지 상연이위속야

* 생전에 (자신의) 사당 짓는 일은 예가 아니다. 어리석은 자들이 이
런 짓을 하여 서로 본받아 오늘날의 풍속이 됐다.

刻石頌德 以示悠遠 卽所謂善政碑也 內省不愧 斯爲難矣

각석송덕 이시유원 즉소위선정비야 내성불괴 사위난의

* 덕을 칭송하여 돌에 새겨 영구히 전하는 것을 선정비라 하는데, 마
음속으로 반성하여 부끄럽지 않기가 어렵다.

木碑訟惠 有誦有諂 隋卽去之 卽行嚴禁 毋底乎恥辱矣

목비송혜 유송유첨 수즉거지 즉행엄금 무저호치욕의

* 목비를 세워 은혜 칭송함을 비난하는 사람도 있고, 아첨하는 사람도
있다. 세우는 대로 없애고 엄금하여 치욕이 되는 일이 없도록 해야 한

다.

既去而思 樹木猶爲人愛惜者 甘棠之遺也

기거이사 수목유위인애석자 감당지유야

* 이미 수령이 떠난 뒤에도 백성들이 그를 사모하여 그의 손길이 닿은
나무까지 애석하게 여기는 것은 감당의 유풍이다.

愛之不爰 爰取侯姓 以名其子者 所謂民情 大可見也

애지불원 원취후성 이명기자자 소위민정 대가견야

* 그리운 마음을 잊지 못하여 그 목민관의 성을 따서 자기 아들의 이
름으로 한 것 등은 소위 민정을 잘 살폈기 때문이다.

既去之久 再過玆邦 遺黎歡迎 壺簞滿前 亦僕御有光

기거지구 재과자방 유려환영 호단만전 역복어유광

* 이미 오래 전에 떠났는데 다시 그 고을을 지나갈 때, 옛 백성들이
나와 반갑게 맞아 주고 술병과 안주가 앞에 가득하면 하인들까지도 빛
날 것이다.

輿人之誦 久而不已 其爲政 可知也

여인지송 구이불이 기위정 가지야

* 사람들의 칭송 소리가 오래 그치지 않는다면 그가 행한 정사를 가히
알 수 있다.

居無赫譽 去而後思 其唯不伐而陰善乎

거무혁예 거이후사 기유불벌이음선호

* 있을 때는 혁혁한 명예가 없는 듯하고 떠난 뒤에야 백성들이 사모하는 것은 오직 공을 자랑하지 않고 남몰래 선정을 폈기 때문이다.

仁人所適 從者如市 歸而有隨 德之驗也

인인소적 종자여시 귀이유수 덕지험야

* 어진 사람이 가는 곳엔 따르는 사람이 시장을 이루고, 돌아갈 때도 따르는 사람이 많은 것은 덕의 징험이다.

若夫毀譽之眞 善惡之判 必待君子之言 以爲公案

약부훼예지진 선악지판 필대군자지언 이위공안

* 무릇 헐뜯고 칭찬하는 것에 대한 진실과 그 선악의 판단은 반드시 군자의 말을 기다려 공안(공론으로 결정한 안건)으로 해야 한다.

옮긴이 약력

1932년 경남 밀양 출생
경남상업고등학교 졸업
서울대학교 문리과대학 정치학과 졸업
유덕기업주식회사 사업과장
한국가스공업주식회사 총무부장
동아인쇄공업주식회사 총무이사
고합그룹 (주)해피론 상무이사 등 역임
면사 도매업 및 광림공업사 등 자영
현재 저술활동

저서
≪임진왜란≫(역사평론집)
≪정치사상과 발전의 일반이론≫

목민심서 〈서문문고 307〉

초판 인쇄 / 2006년 9월 20일
초판 발행 / 2006년 9월 25일
옮긴이 / 서 필 량
펴낸이 / 최 석 로
펴낸곳 / 서 문 당
주소 / 서울시 마포구 성산동 54-18호
전화 / 322—4916~8 팩스 / 322—9154
창업일자 / 1968. 12. 24
등록일자 / 2001. 1. 10
등록번호 / 제10-2093
SeoMoonDang Publishing Co. 2001

ISBN 89-7243-507-4 ※ 잘못된 책은 바꾸어 드립니다